50
dibujos de
gatos

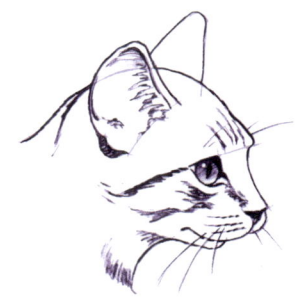

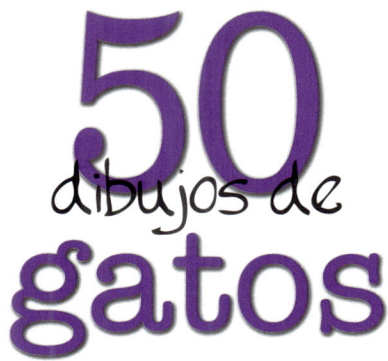

50 dibujos de gatos

**Aprende a dibujar paso a paso
razas domésticas, grandes felinos
y hasta ¡gatos célebres!**

Lee J. Ames

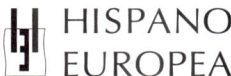

HISPANO
EUROPEA

Al lector

Este libro te enseñará el modo de dibujar fácilmente todo tipo de gatos y grandes felinos. No es necesario comenzar por el primer dibujo, ya que puedes elegir el tema que prefieras para, una vez decidido, seguir el método paso a paso. *Muy ligeramente y con cuidado*, reproduce el primer paso. Con el mismo trazo ligero y con sumo cuidado, pasa al segundo paso, y después al tercero y los siguientes.

Quizá te parezca extraño que se te pida que prestes tanta atención cuando dibujes los primeros pasos, aparentemente tan sencillos, pero la razón de nuestra insistencia es que un error en esta fase puede arruinar el conjunto del dibujo.

No estudies solamente los trazos, sino también los espacios entre ellos. Aprovecha los primeros pasos para llenar estéticamente tu página, con el fin de que tu dibujo no sea demasiado grande ni demasiado pequeño.

Es útil colocar tu dibujo delante de un espejo de vez en cuando. Frecuentemente esa imagen revela distorsiones, que de otro modo no podrías observar.

Te darás cuenta de que los añadidos en cada nuevo paso son de trazo más intenso, a fin de que puedas seguirlos más fácilmente. Pero continúa dibujando muy suavemente. La goma de borrar te servirá para eliminar un trazo de lápiz demasiado acentuado.

Cuando hayas terminado el dibujo, y te hayas asegurado de que todo está a tu gusto, puedes repasarlo intensamente con el lápiz o, si lo prefieres, con tinta (aplicada con un pincel fino o una pluma) o también con bolígrafo. Cuando esté bien seco, puedes borrar los trazos de lápiz.

Quizás al principio encuentres difícil dibujar rectángulos, triángulos o círculos básicos, o simplemente colocar el trazo donde deseas. No te desanimes. Cuanto más practiques, más desarrollarás el control de tu mano. Al principio también puedes utilizar un compás o una regla.

Recuerda que hay otros métodos para dibujar. Esta obra te enseña uno, pero ¿por qué no buscas otros métodos y otras maneras para realizar tus dibujos?

Lee J. Ames

Al lector

A los educadores

El dibujo, como cualquier otro arte, exige práctica y disciplina. Eso no quiere decir que no obtengas recompensas en cada etapa.

"¡Pedro sabe dibujar los gatos mejor que nadie!" Se trata sin duda de un elogio estimulante. Los métodos contemporáneos de enseñanza de las técnicas artísticas (libertad de expresión, experimentación y autoevaluación de competencias y madurez) permiten un enfoque interesante que deberíamos apreciar.

Sin embargo, las ideas nuevas no deben excluir totalmente a las ya comprobadas. Una de ellas es el "Sígueme paso a paso". En mi juventud, este método era tan corriente y tan frecuentemente exclusivo, que el estudiante era meramente una extensión pantográfica de su profesor. No obstante, se aplicó de manera exagerada.

Esto no significa que una mano joven no deba ser guiada nunca. Al contrario, la guía específica es fundamental. El método paso a paso que produce resultados satisfactorios es precioso, aunque los medios para llevarlo a cabo no sean comprendidos completamente por el alumno.

Al músico aprendiz se le enseña frecuentemente a tocar en seguida melodías muy sencillas con su instrumento, antes de aprender la teoría elemental de la música. La autosatisfacción y el

orgullo consiguientes pueden ser medios impor-
tantes para fomentar la motivación. Y todo ello
por imitación del maestro, con el lema de "Haz
como yo..."

La imitación es indispensable para el desarro-
llo de la creatividad. Aprendemos a utilizar nues-
tros utensilios por imitación y, una vez adquirida
maestría, podemos ser creativos. A este efecto,
ofrezco al futuro artista la posibilidad de memo-
rizar o de imitar la "fabricación de dibujos", de
ilustraciones que, más de una vez, ha soñado que
podría realizar.

Todos aquéllos que desean progresar deberían
utilizar esta obra hasta el punto de que un amigo
pudiera decir: "Pedro sabe dibujar los gatos mejor
que nadie".

Lee J. Ames

A los educadores

Índice

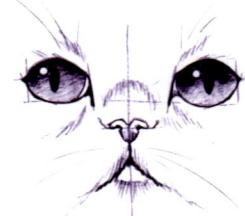

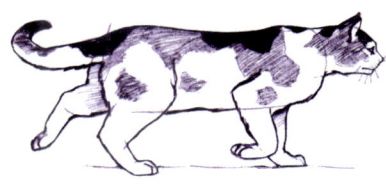

GATOS CÉLEBRES

GATITOS

COMPORTAMIENTOS FELINOS

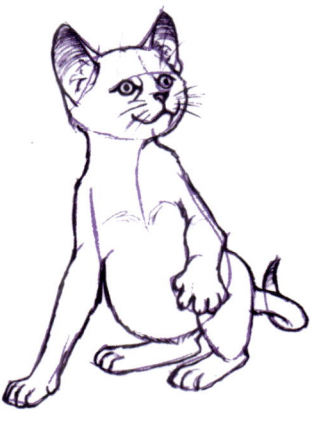

Gatos, Grandes Felinos y Gatos Famosos

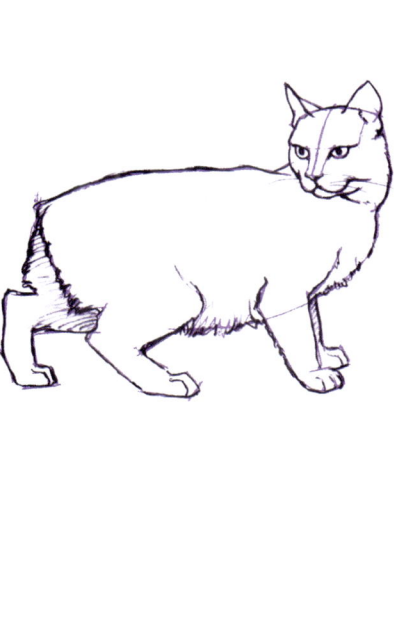

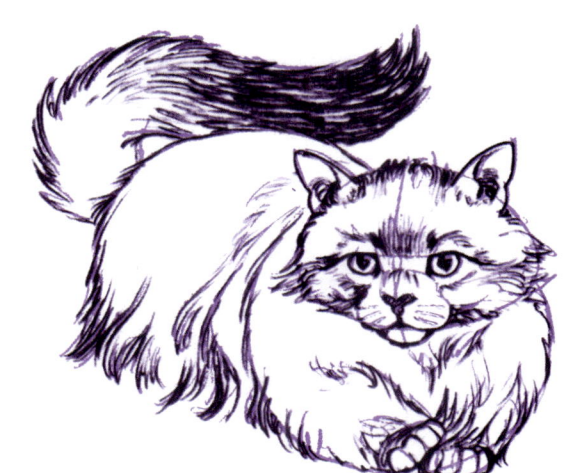

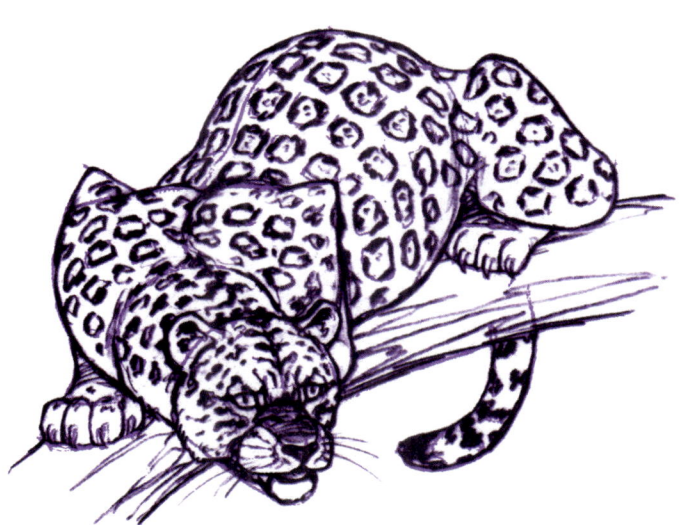

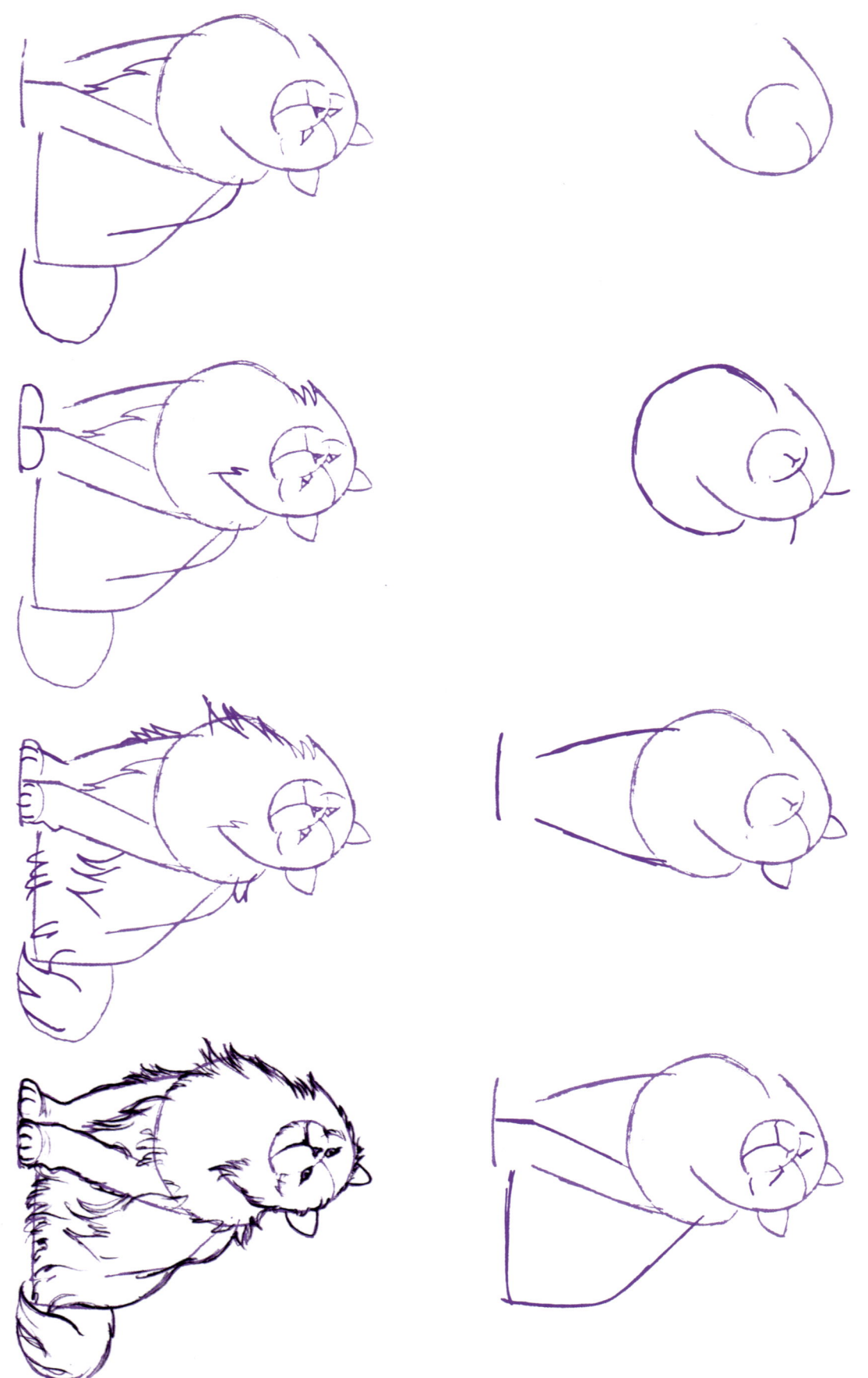

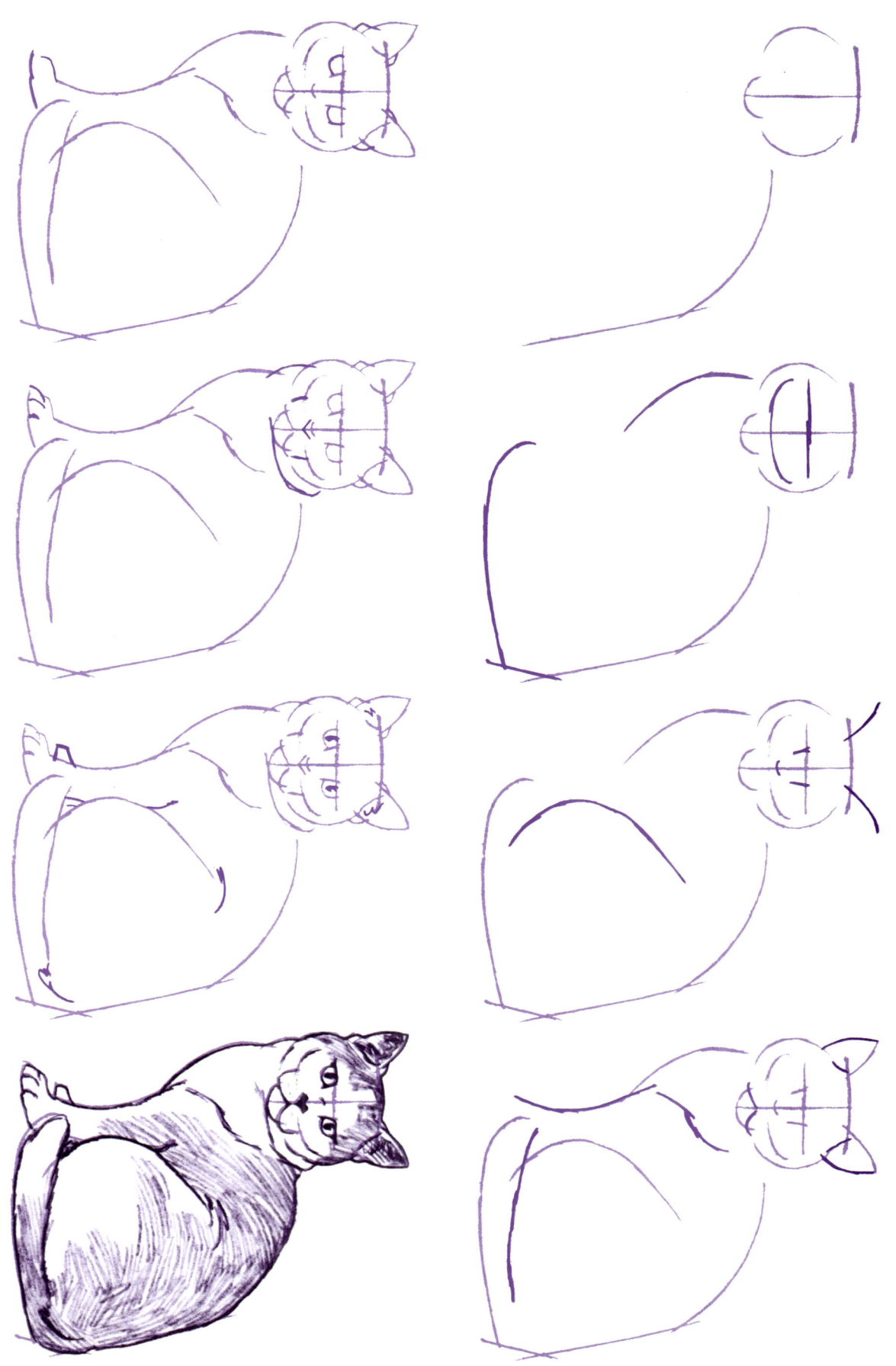

13 Exótico de pelo corto

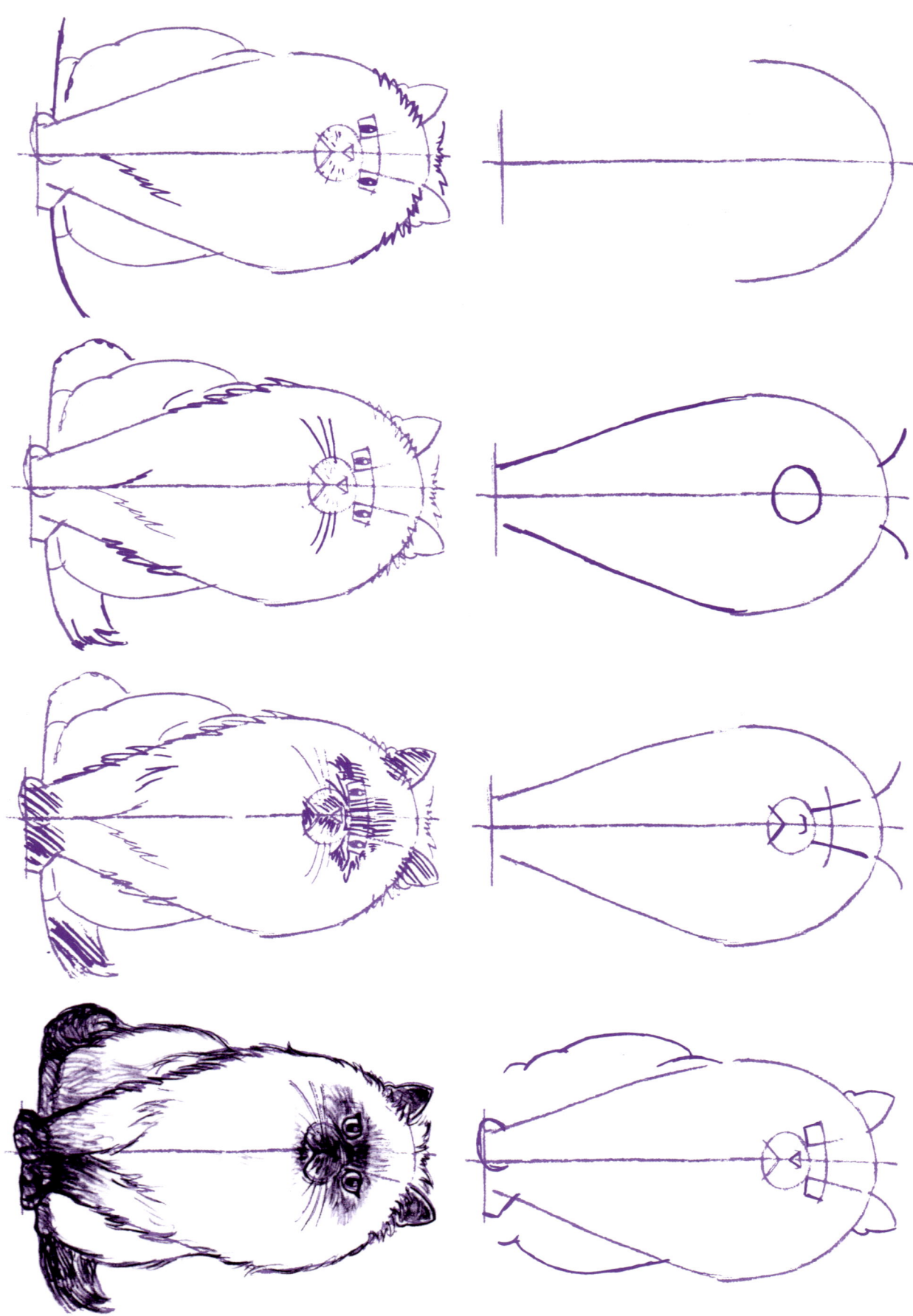

14 Himalayo

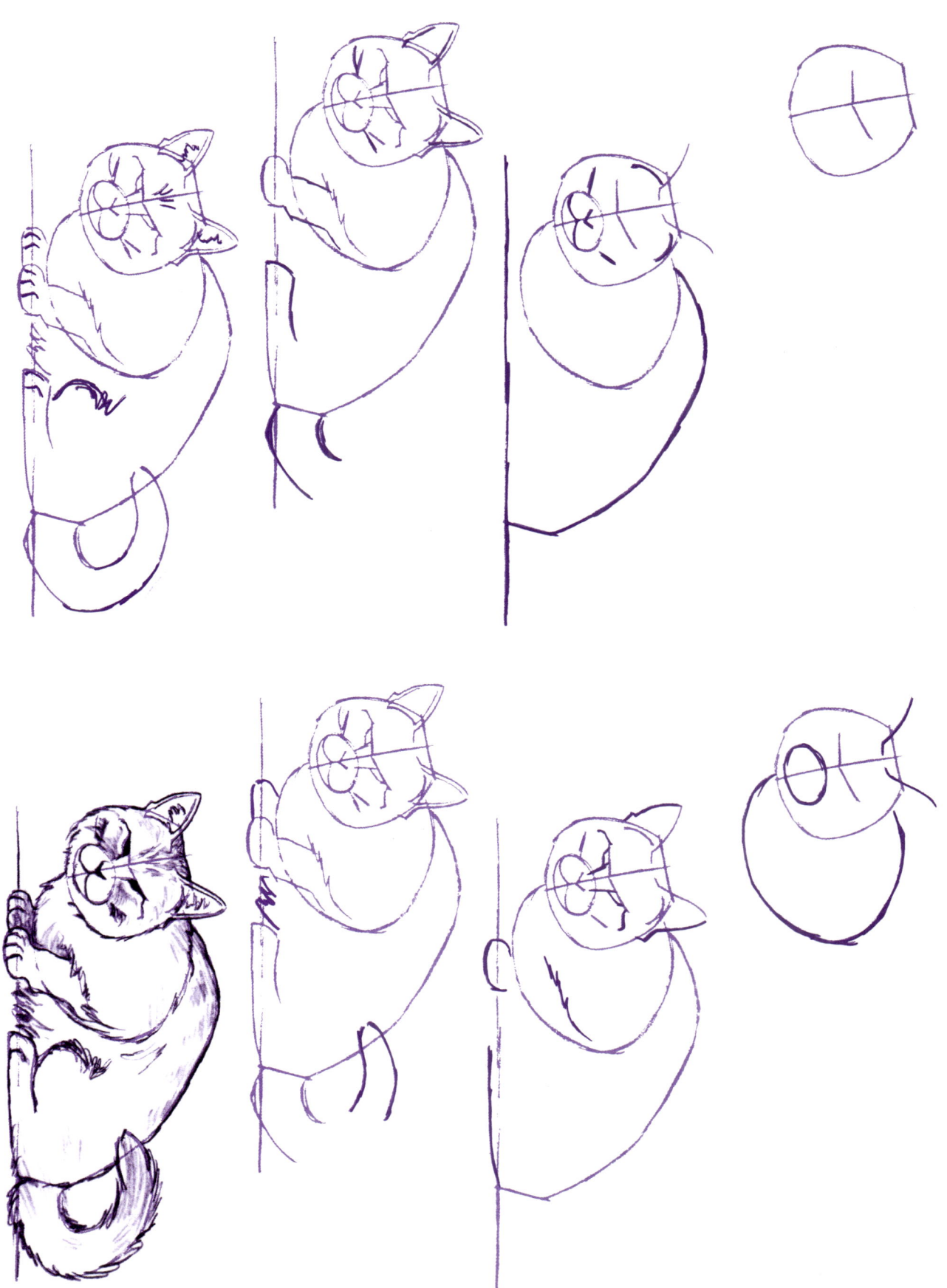

15 Maine Coon

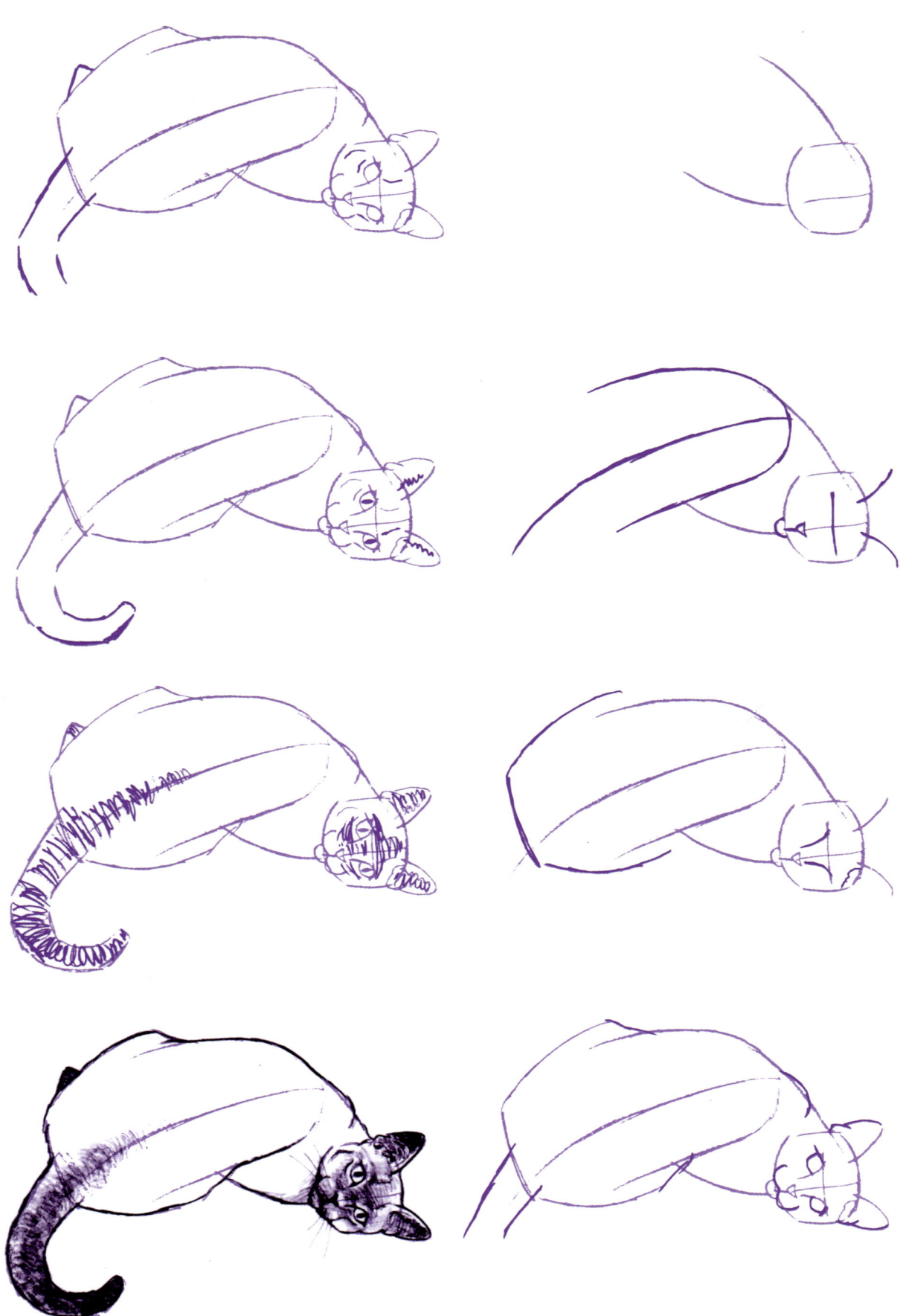

16 Siamés blue point

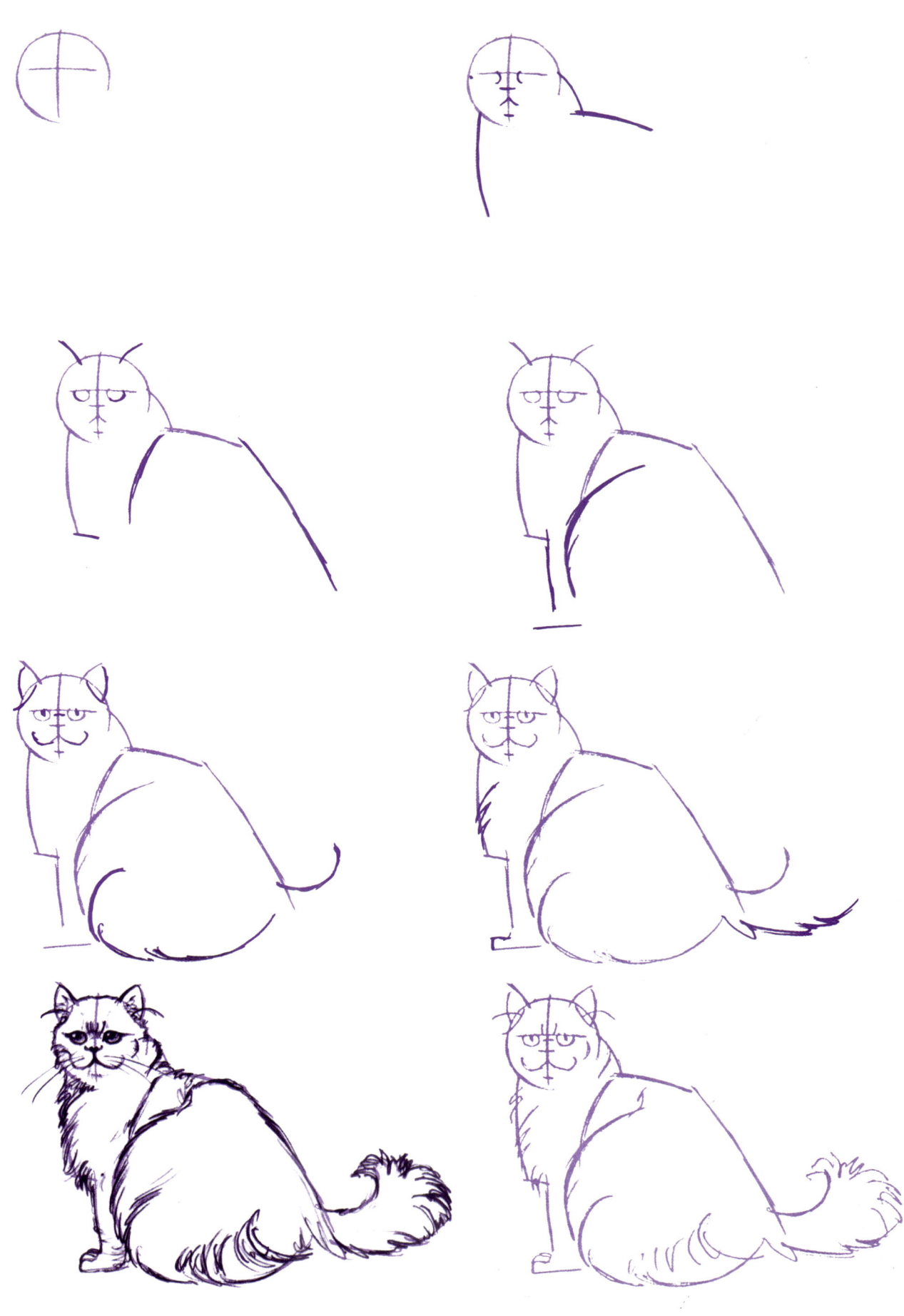

17 Persa

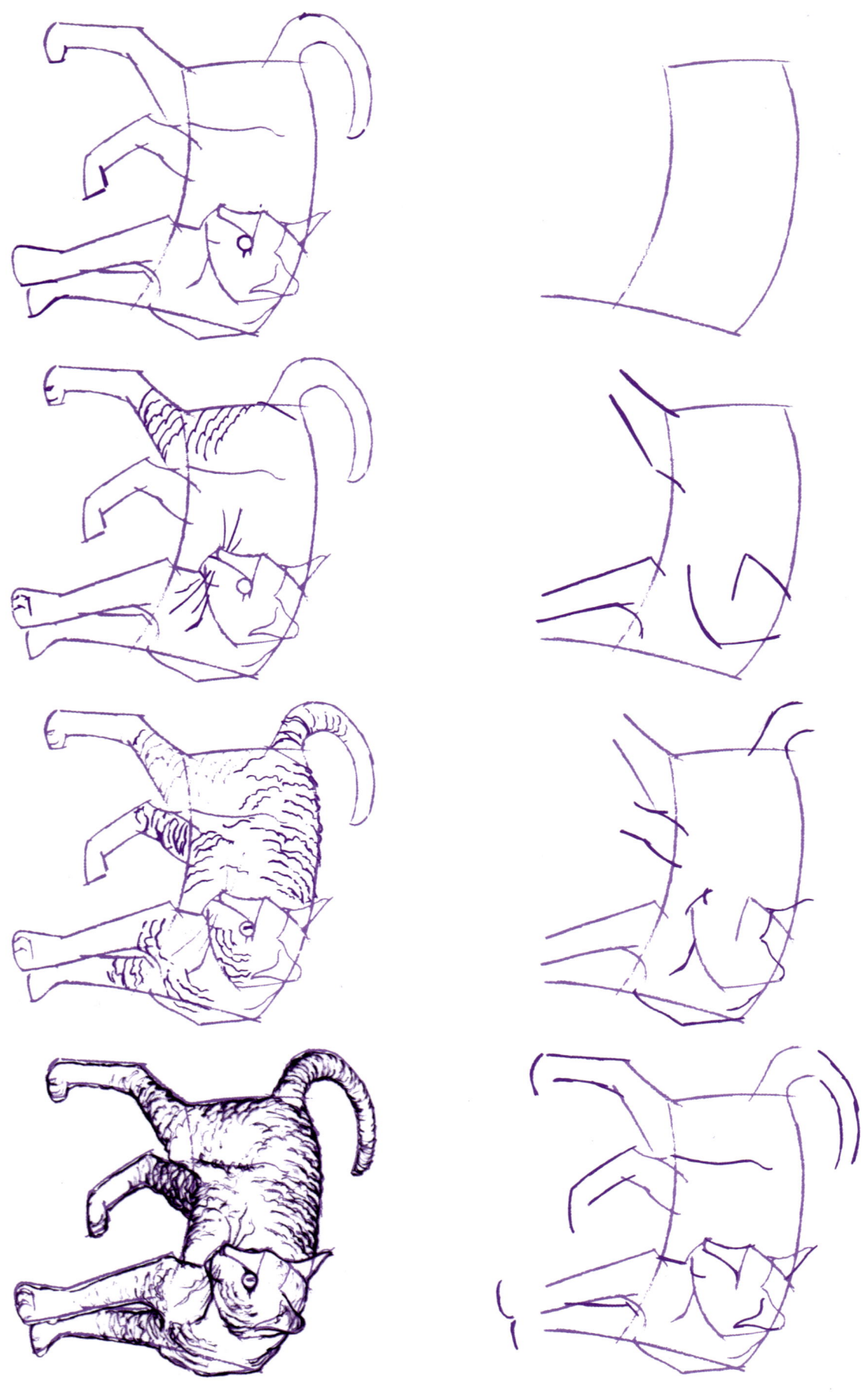

18 Cornish Rex

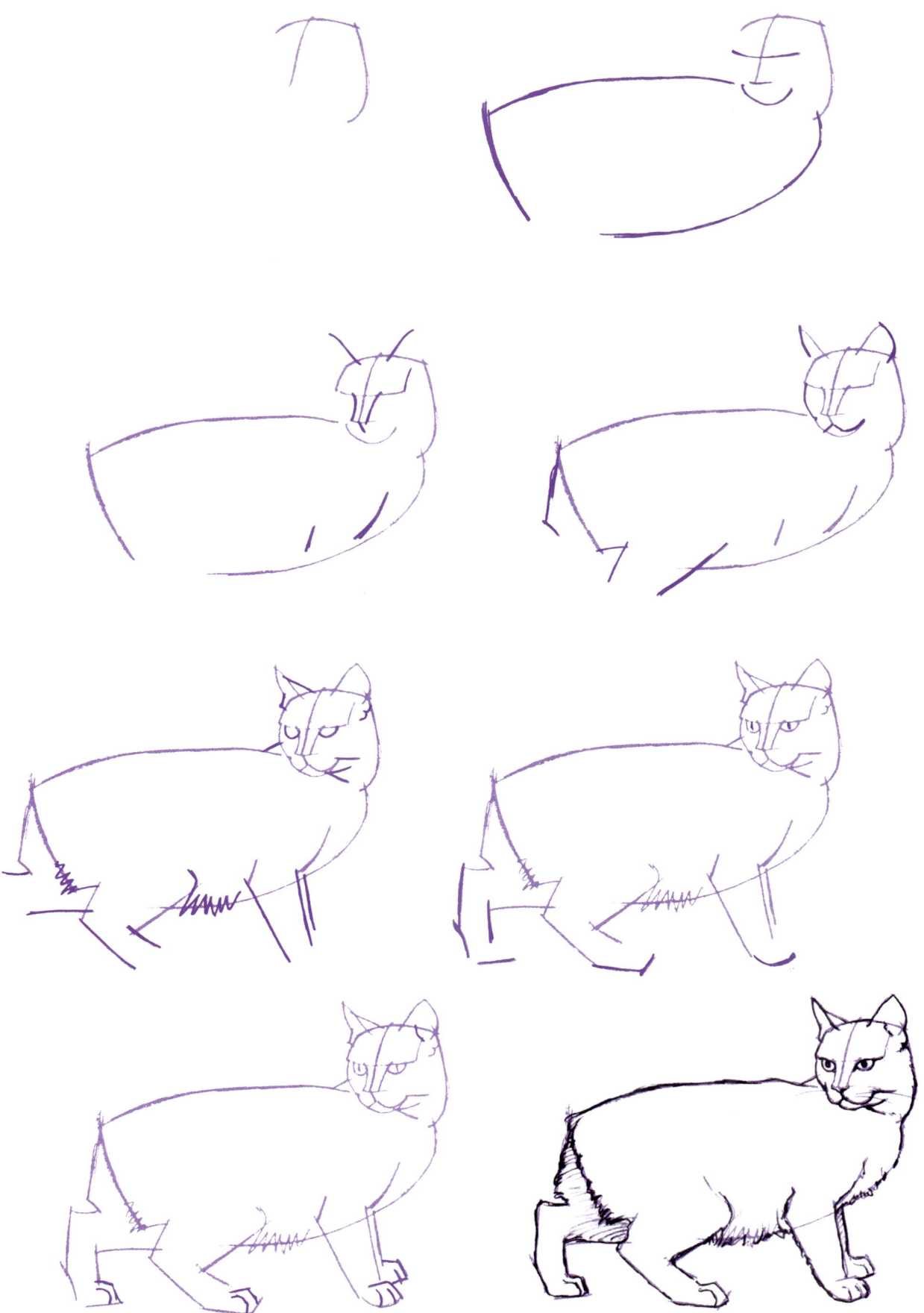

19 Manx

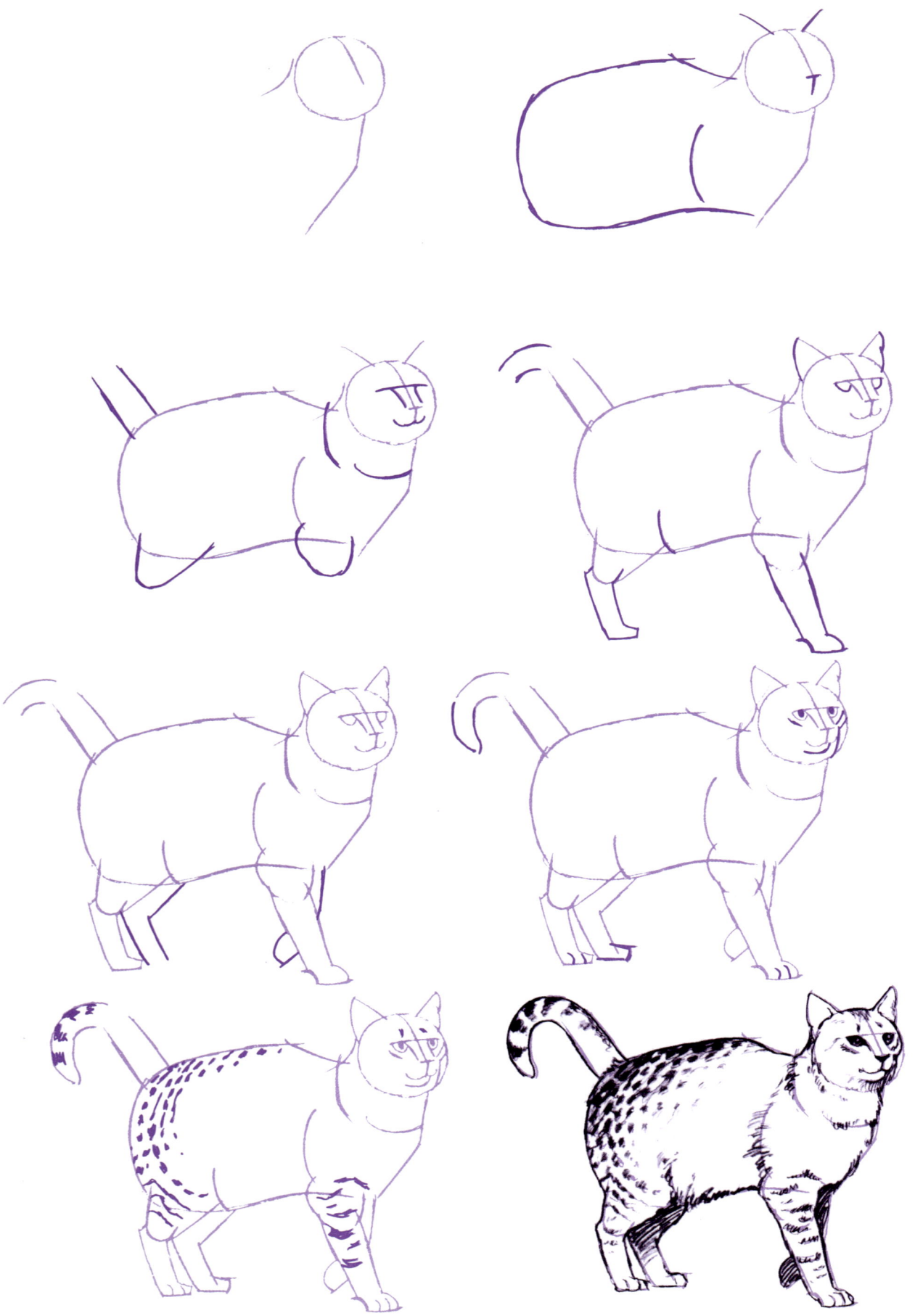

20 Mau Egipcio

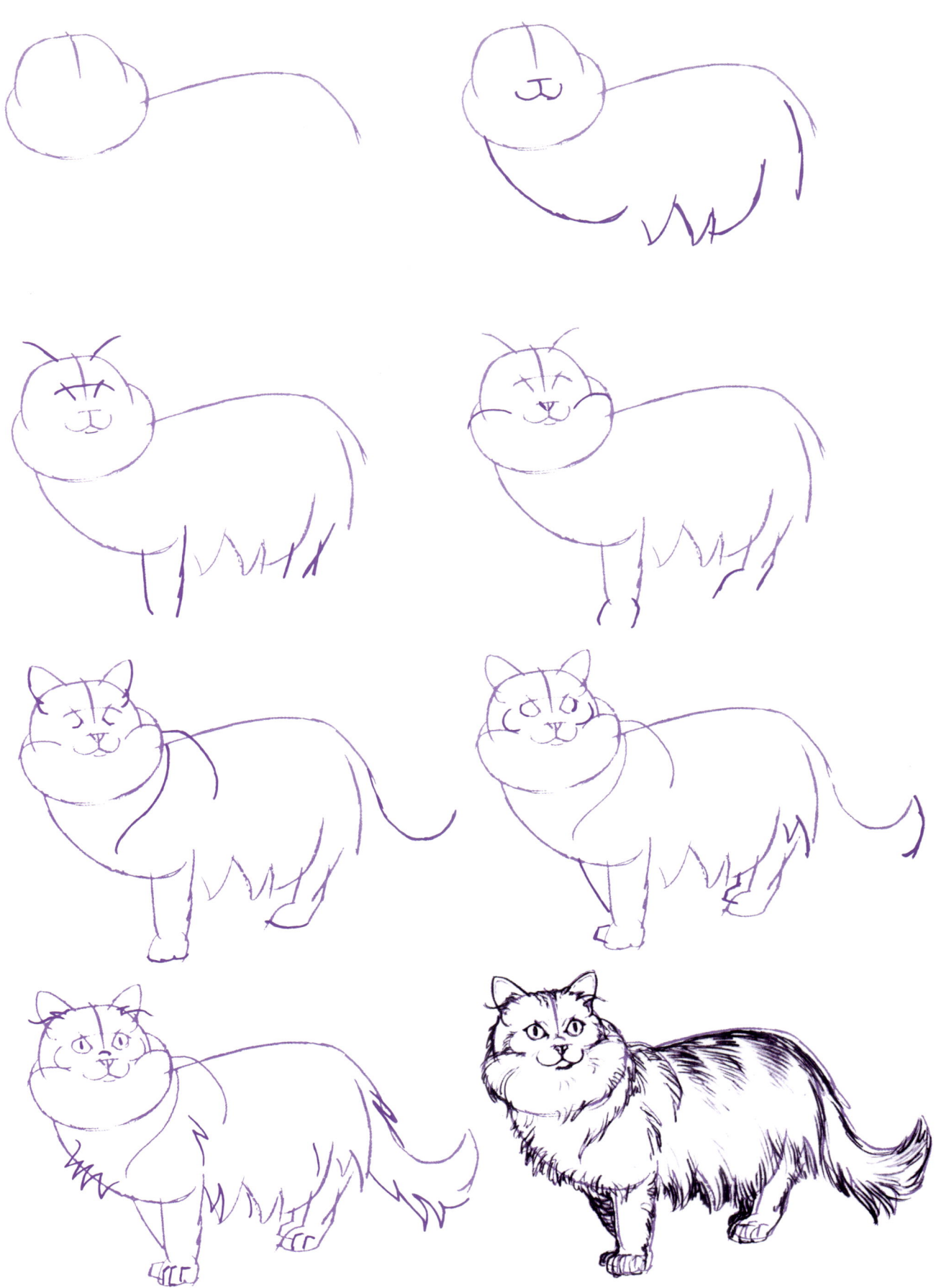

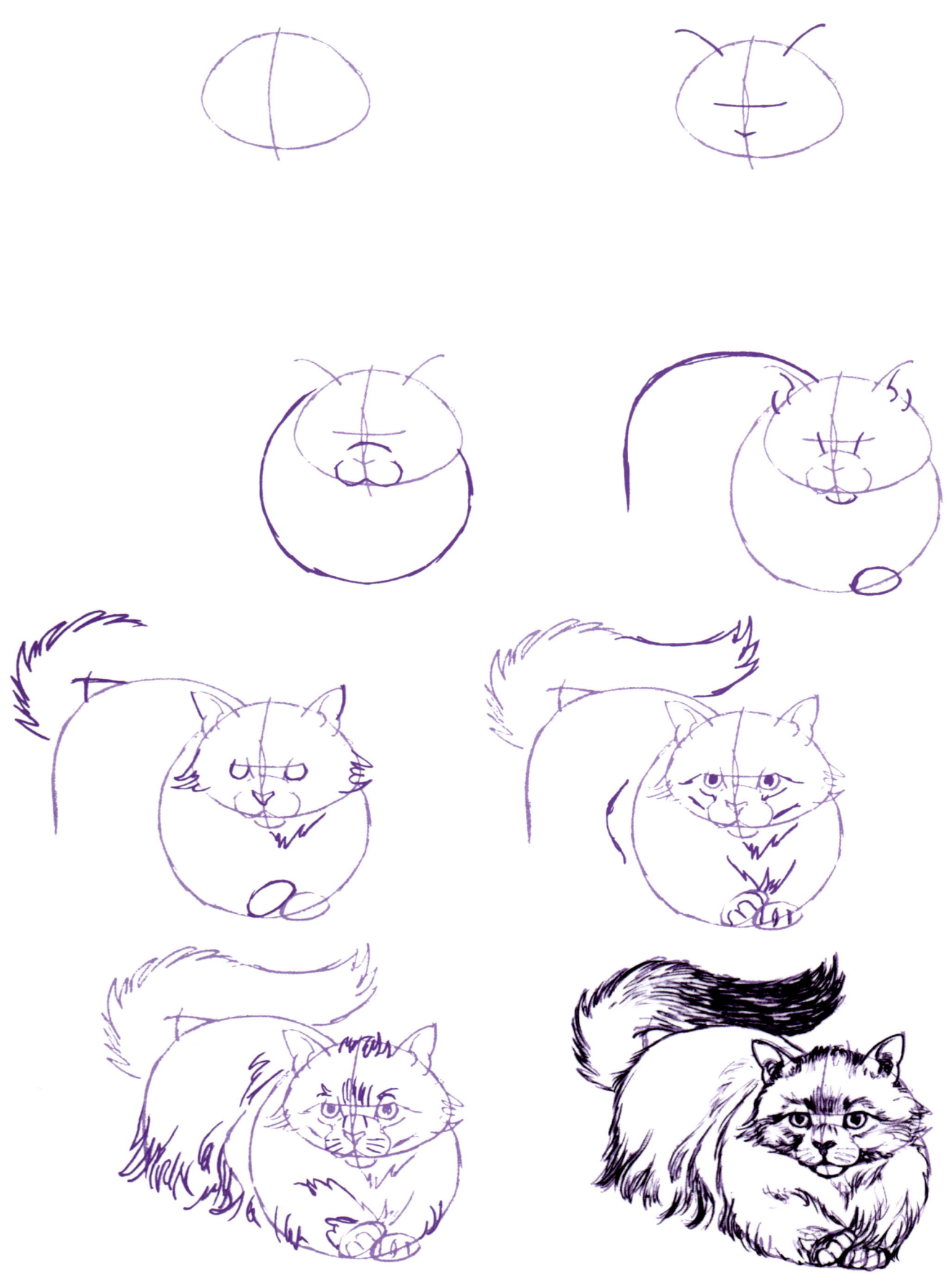

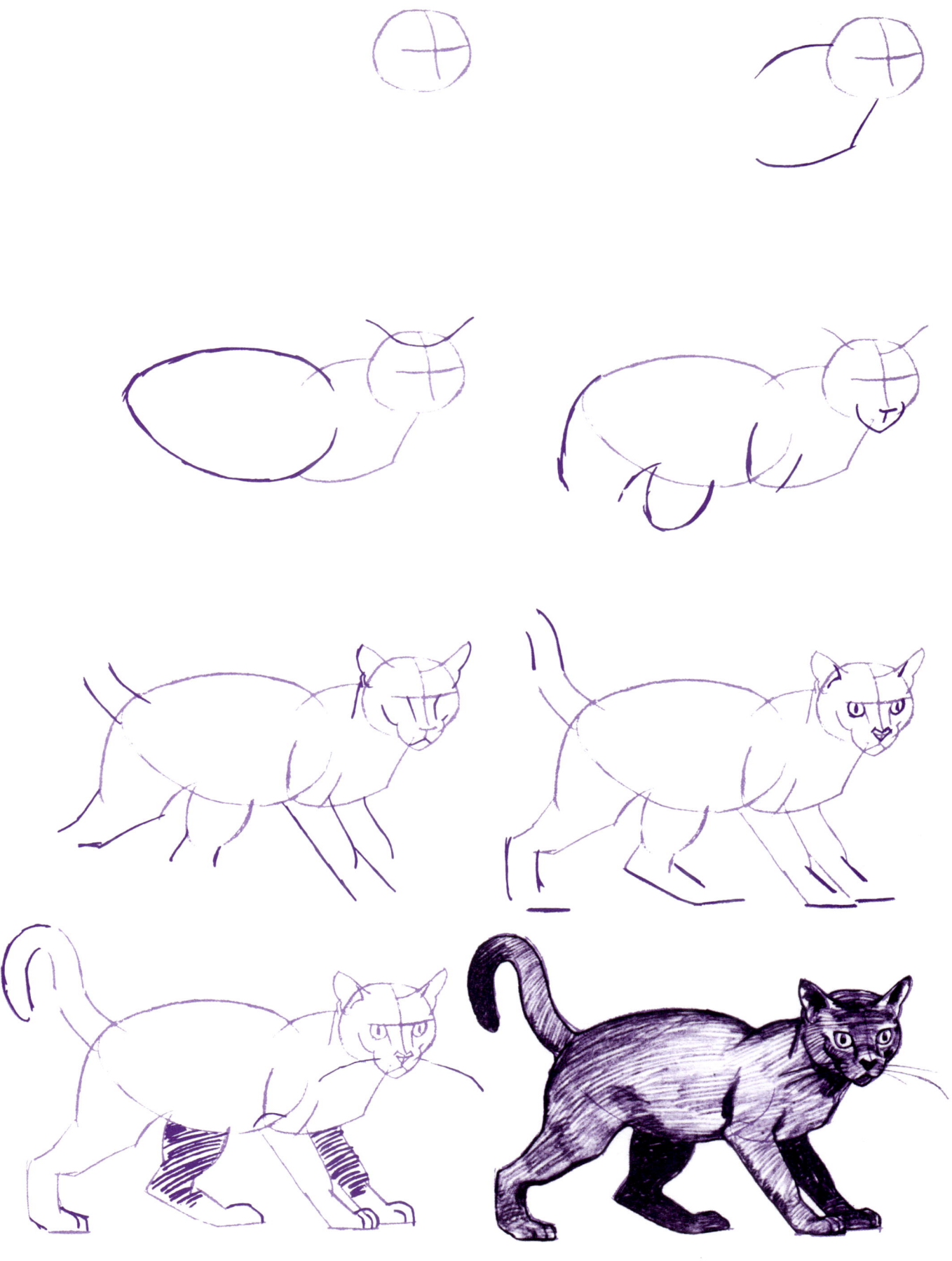

23 Korat

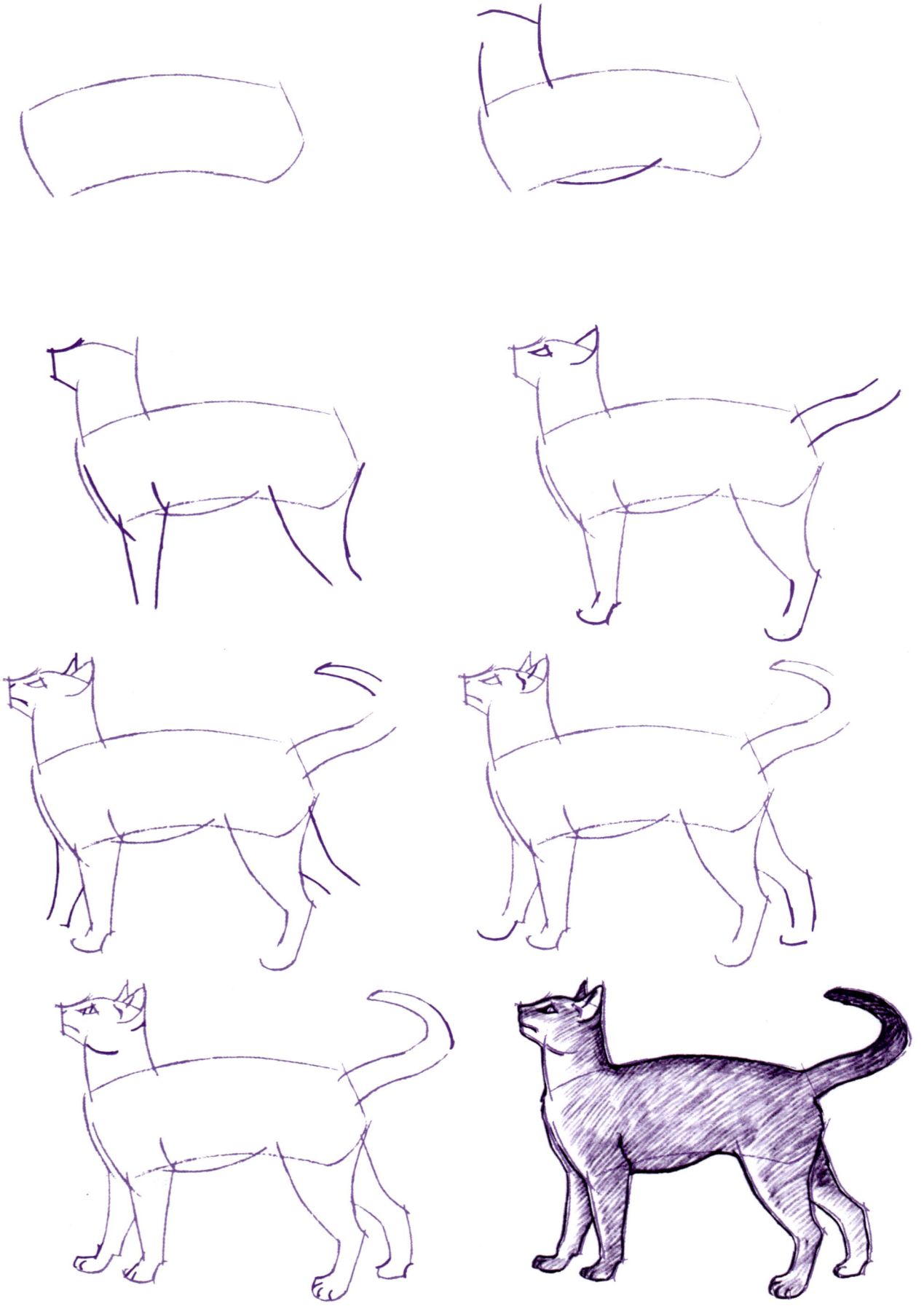

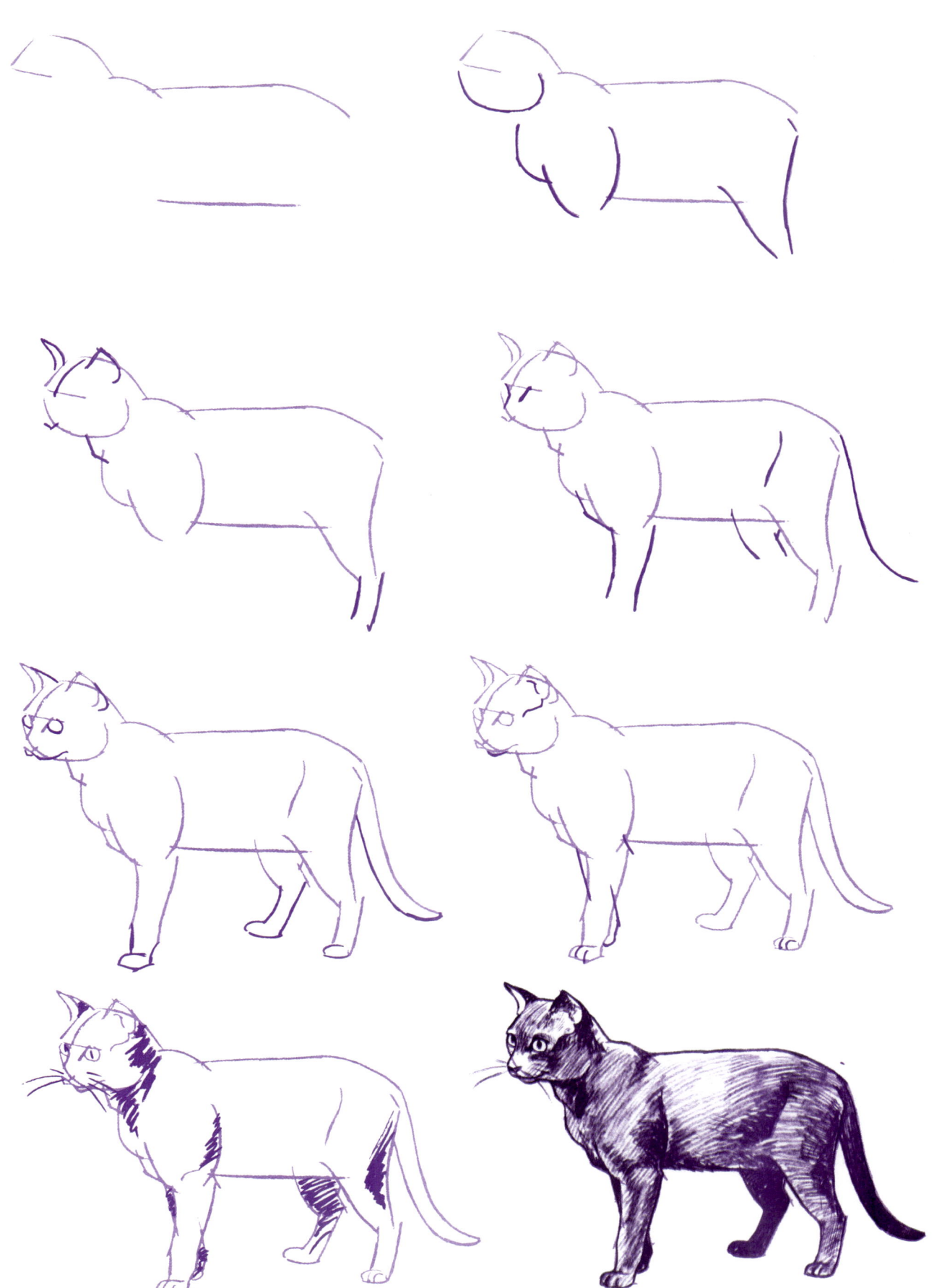

25 Burmés

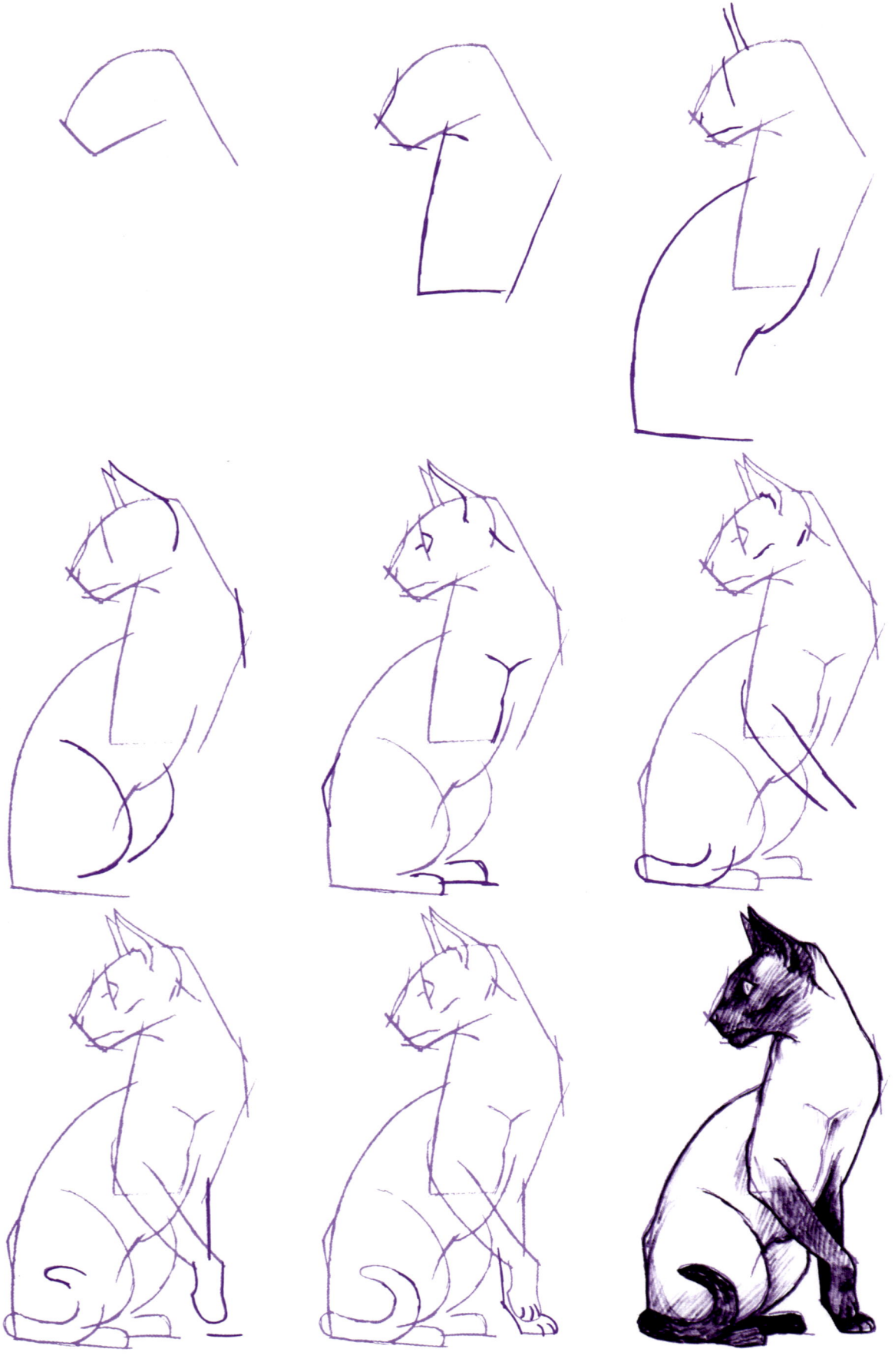

26 Siamés seal point

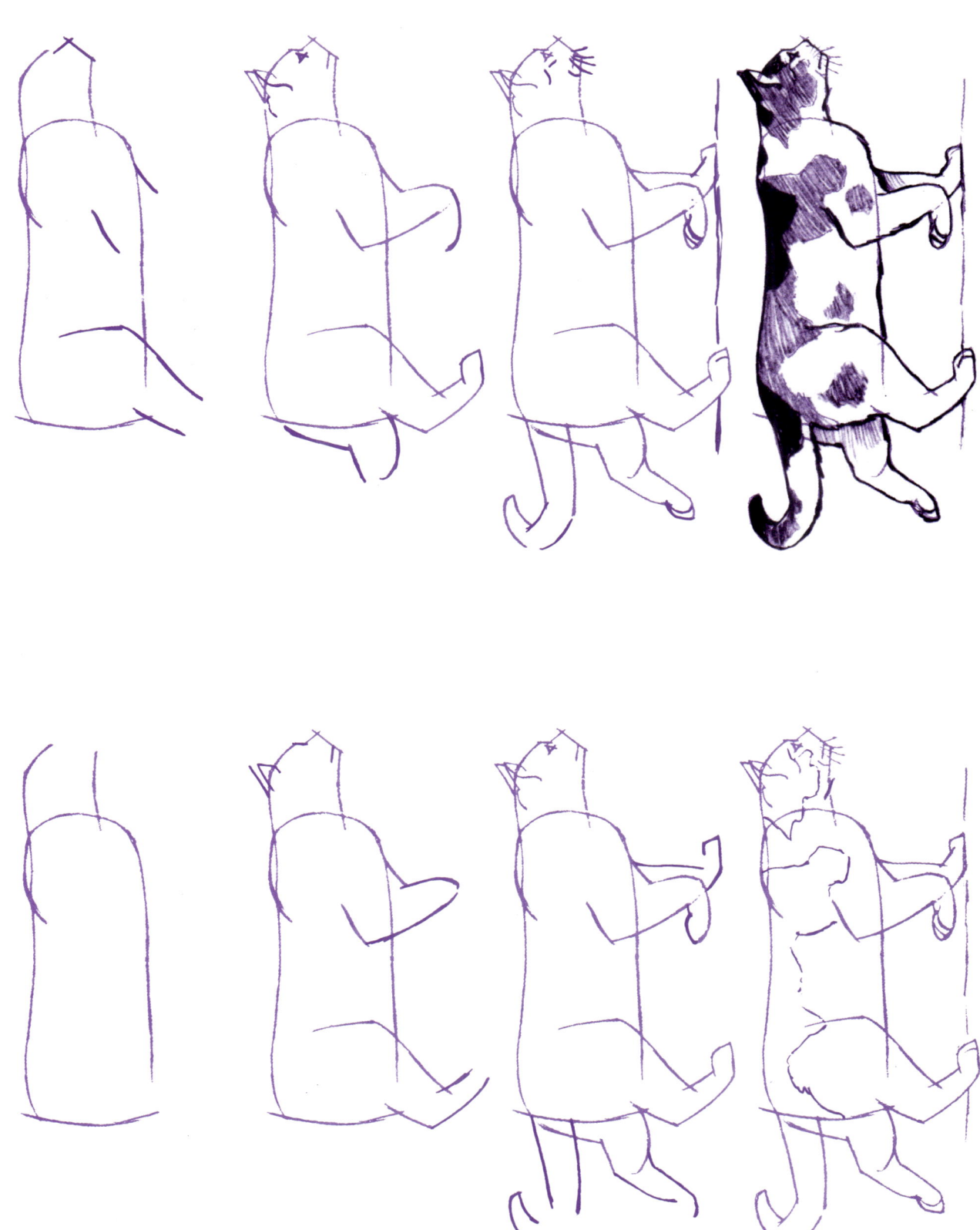

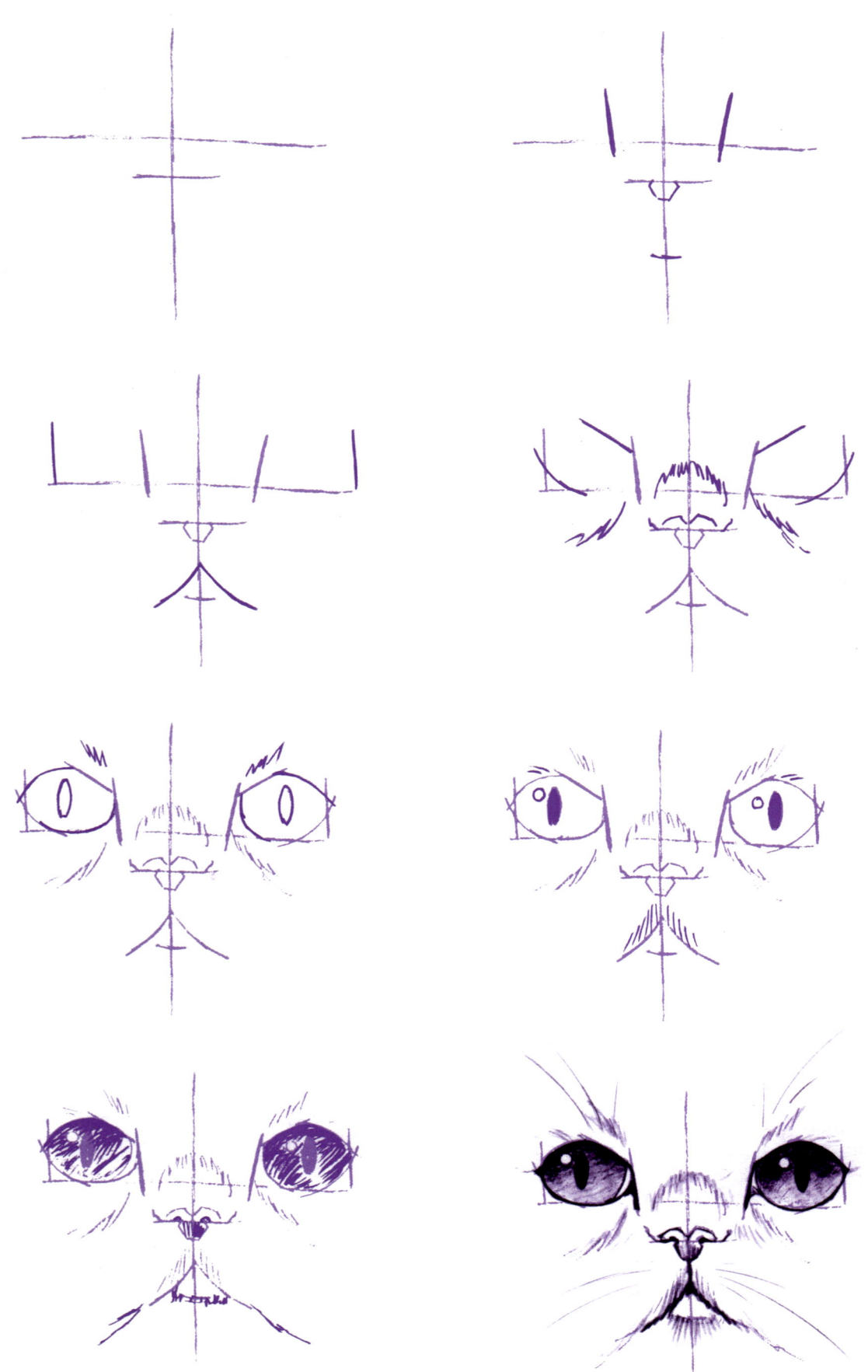

28 Una mirada misteriosa

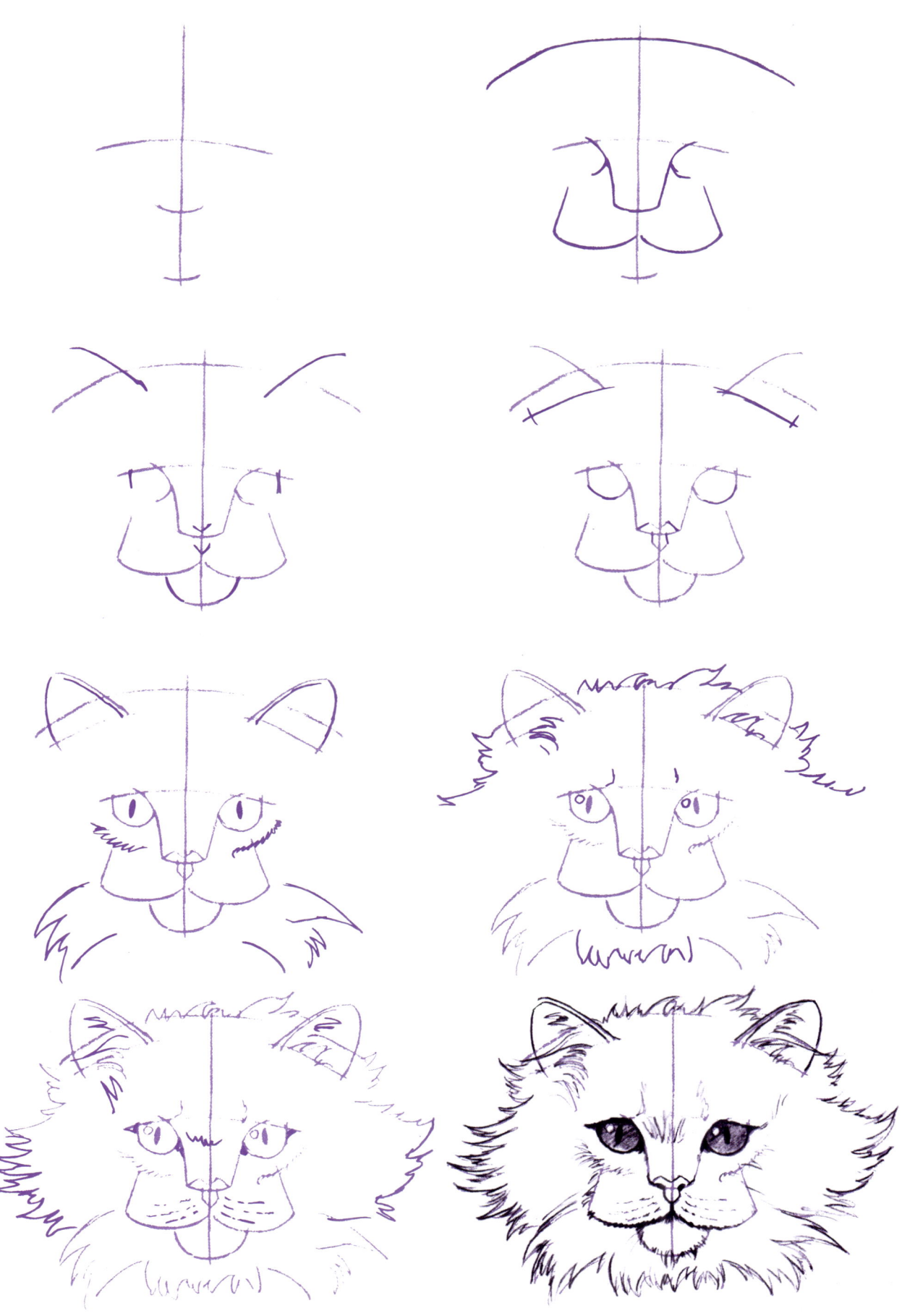

29 Una cara interesante

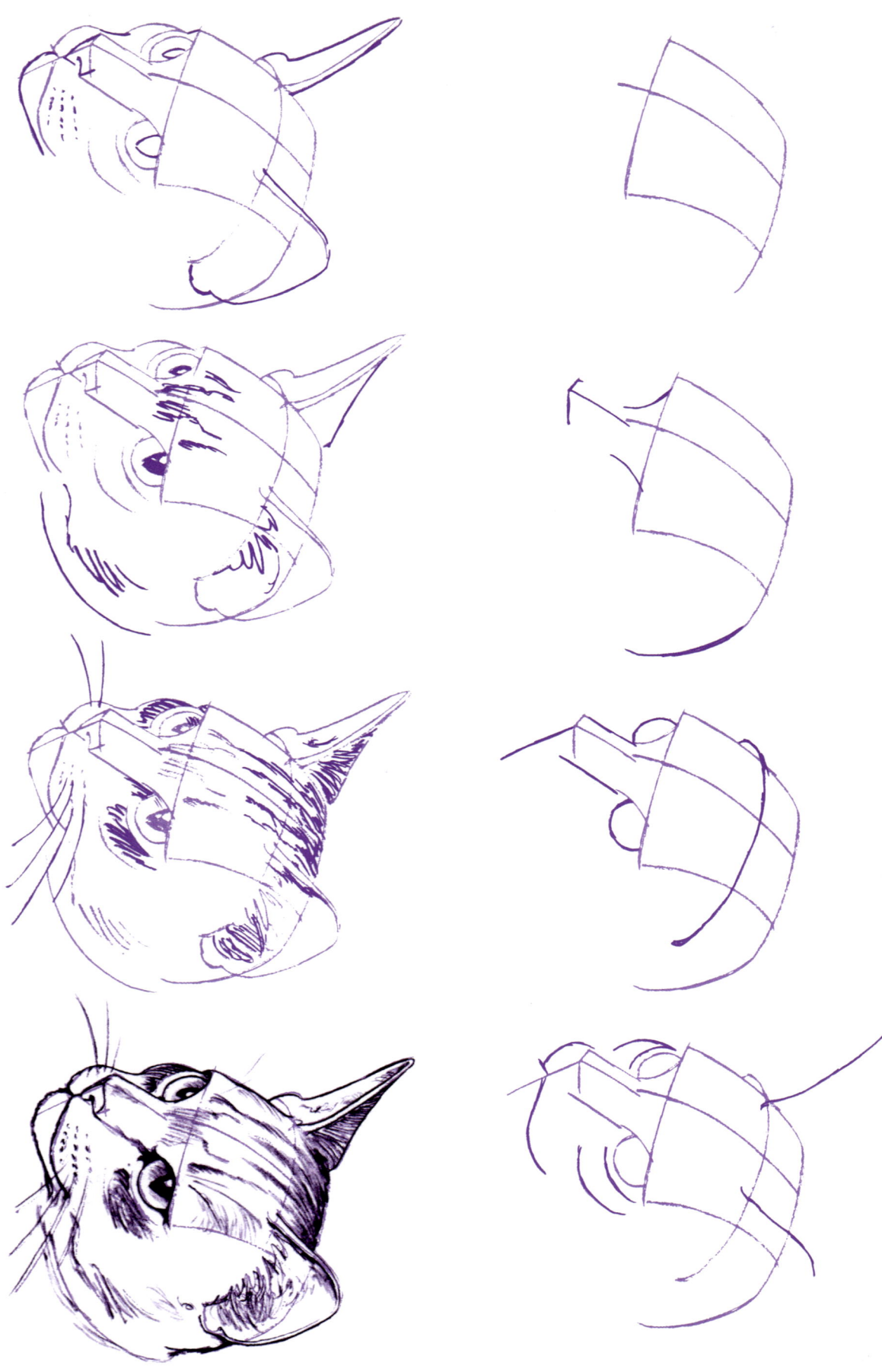

30 Un busto

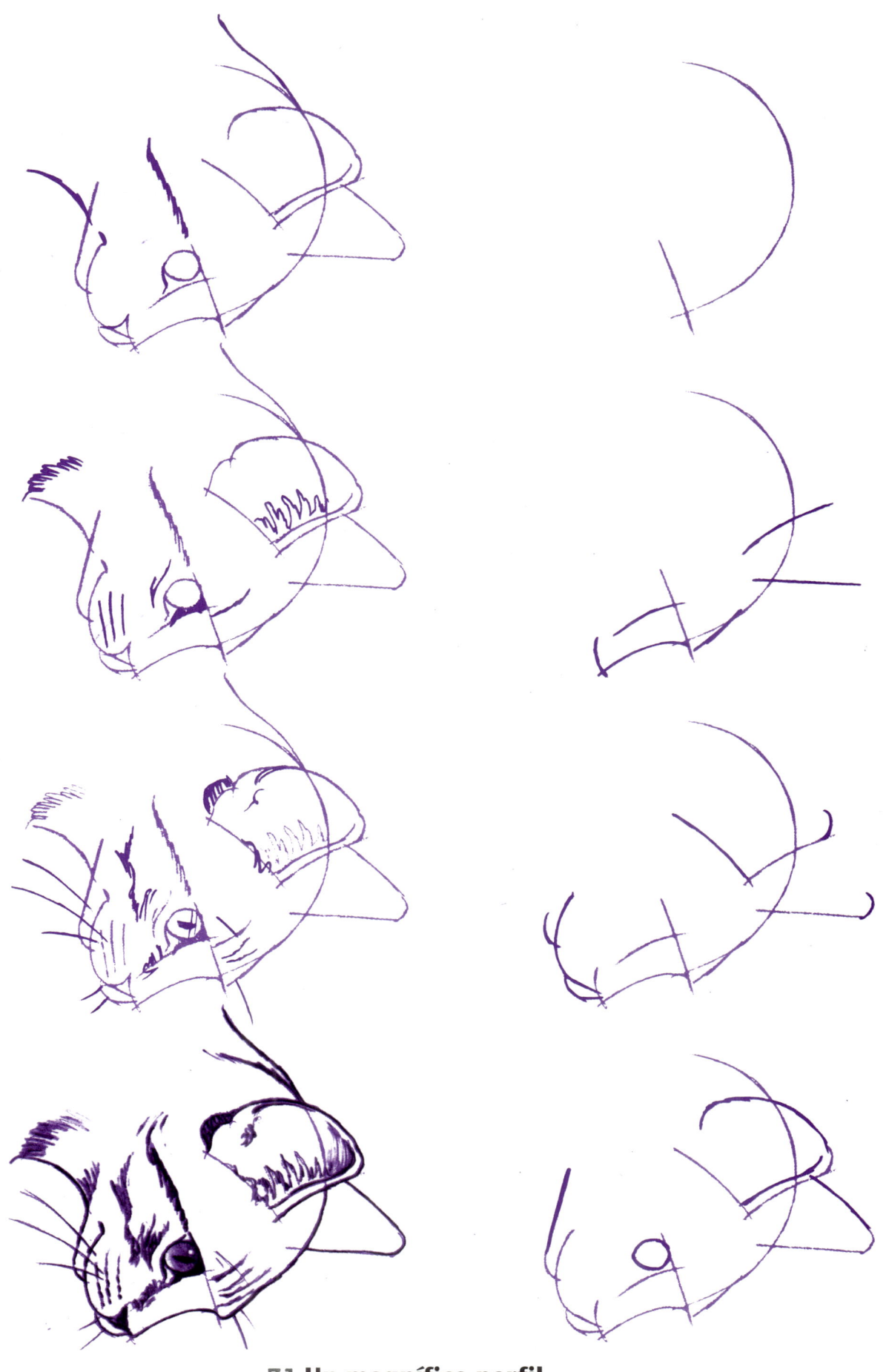

31 Un magnífico perfil

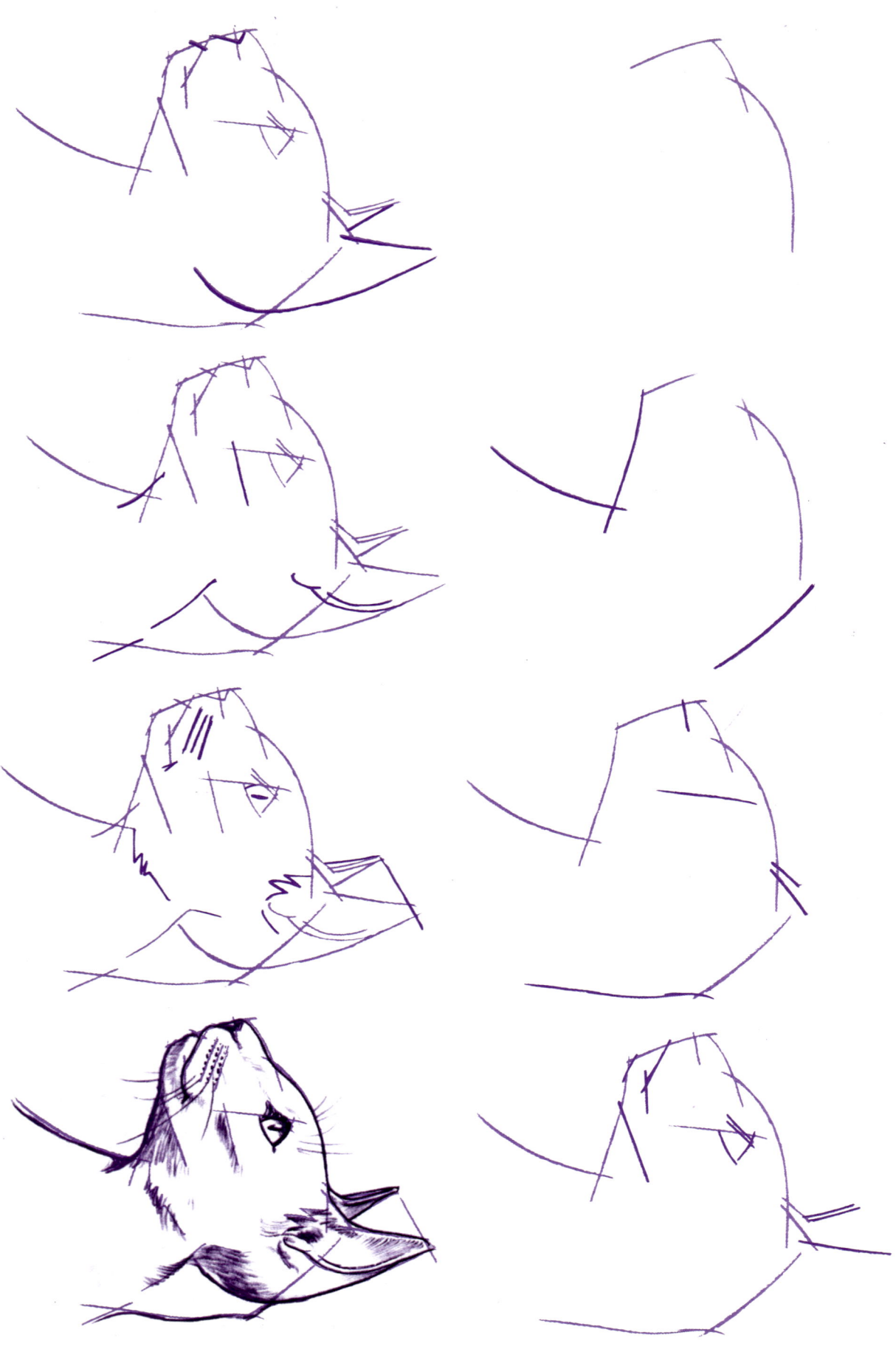

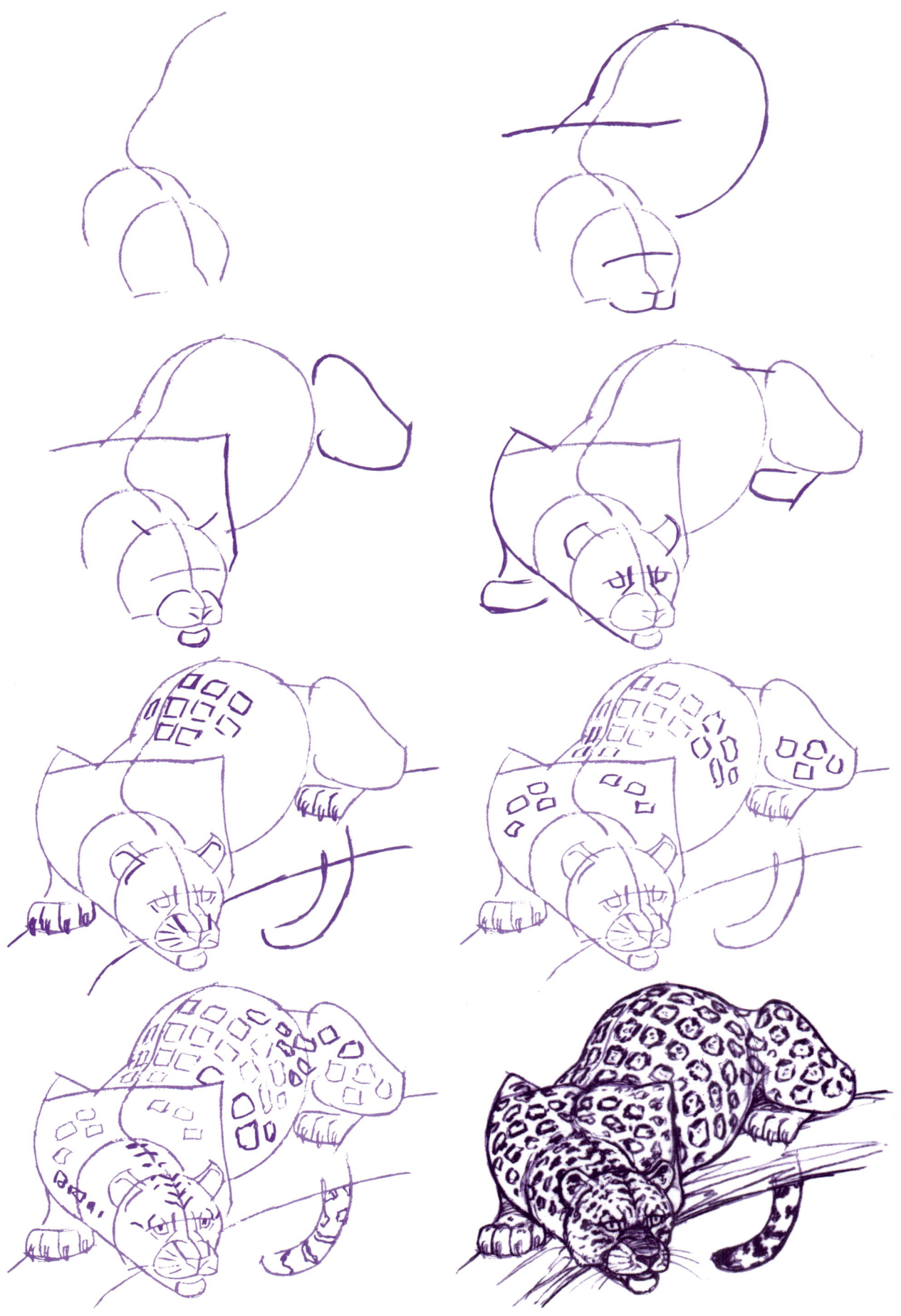

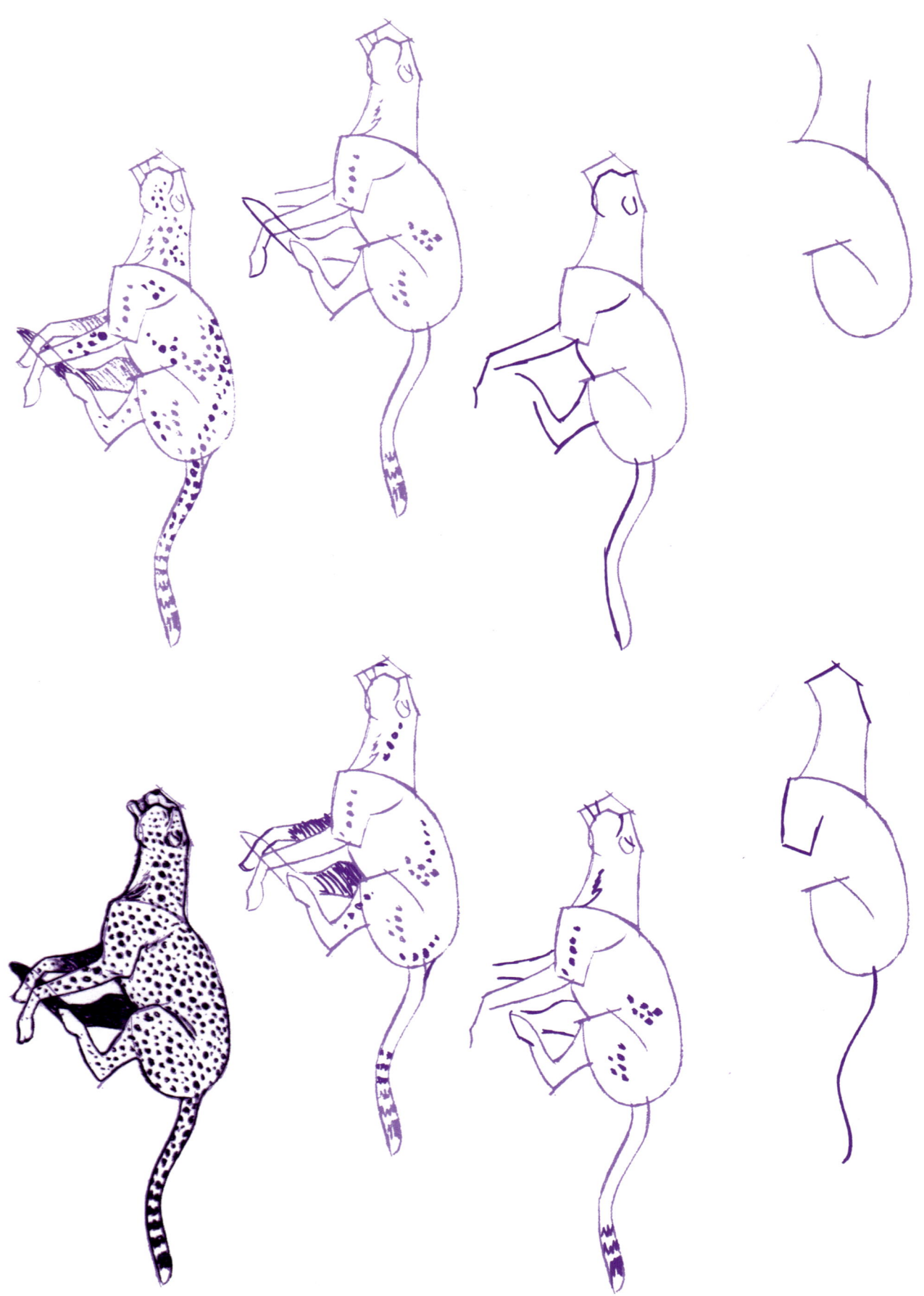

34 Guepardo

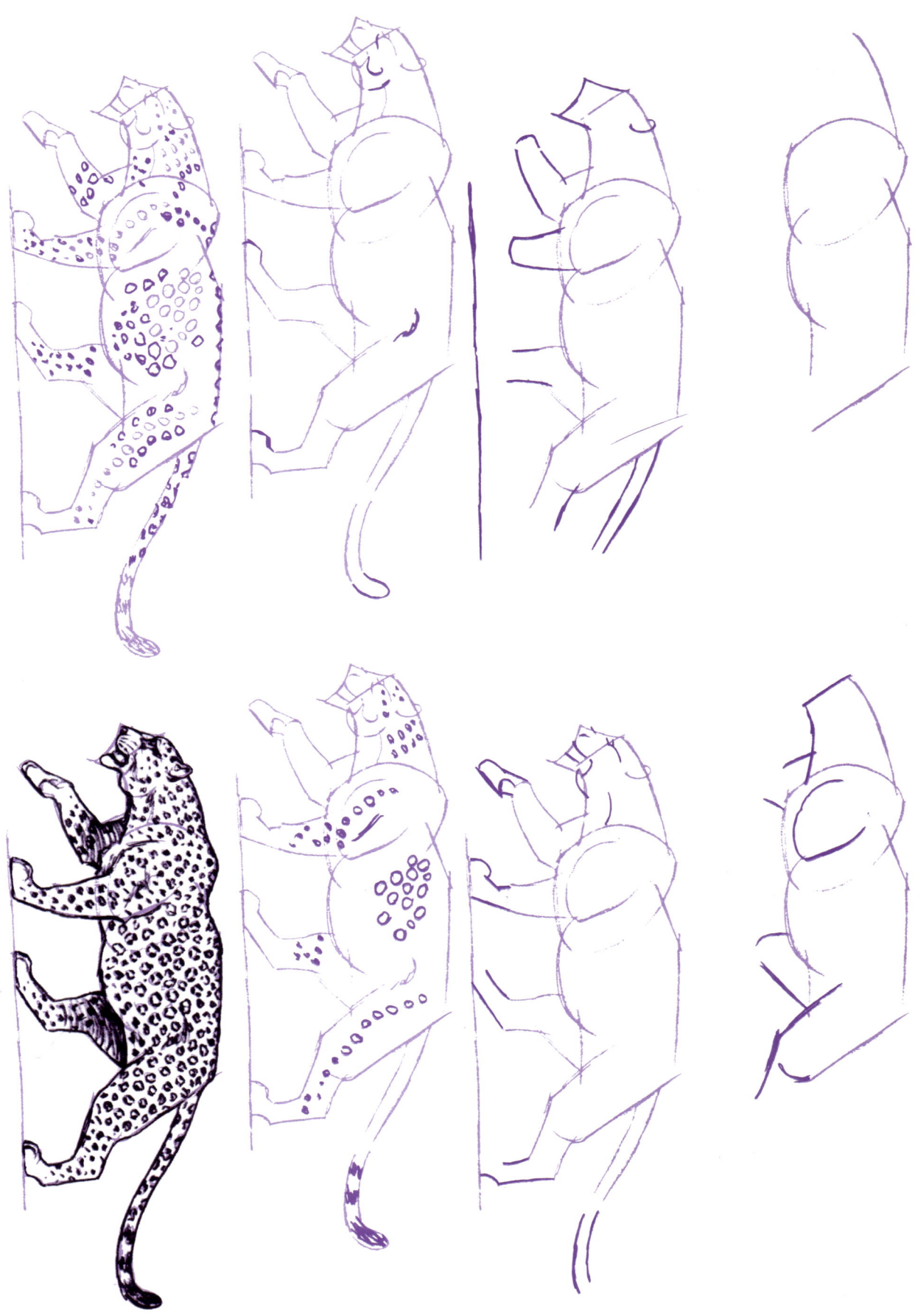

35 Leopardo

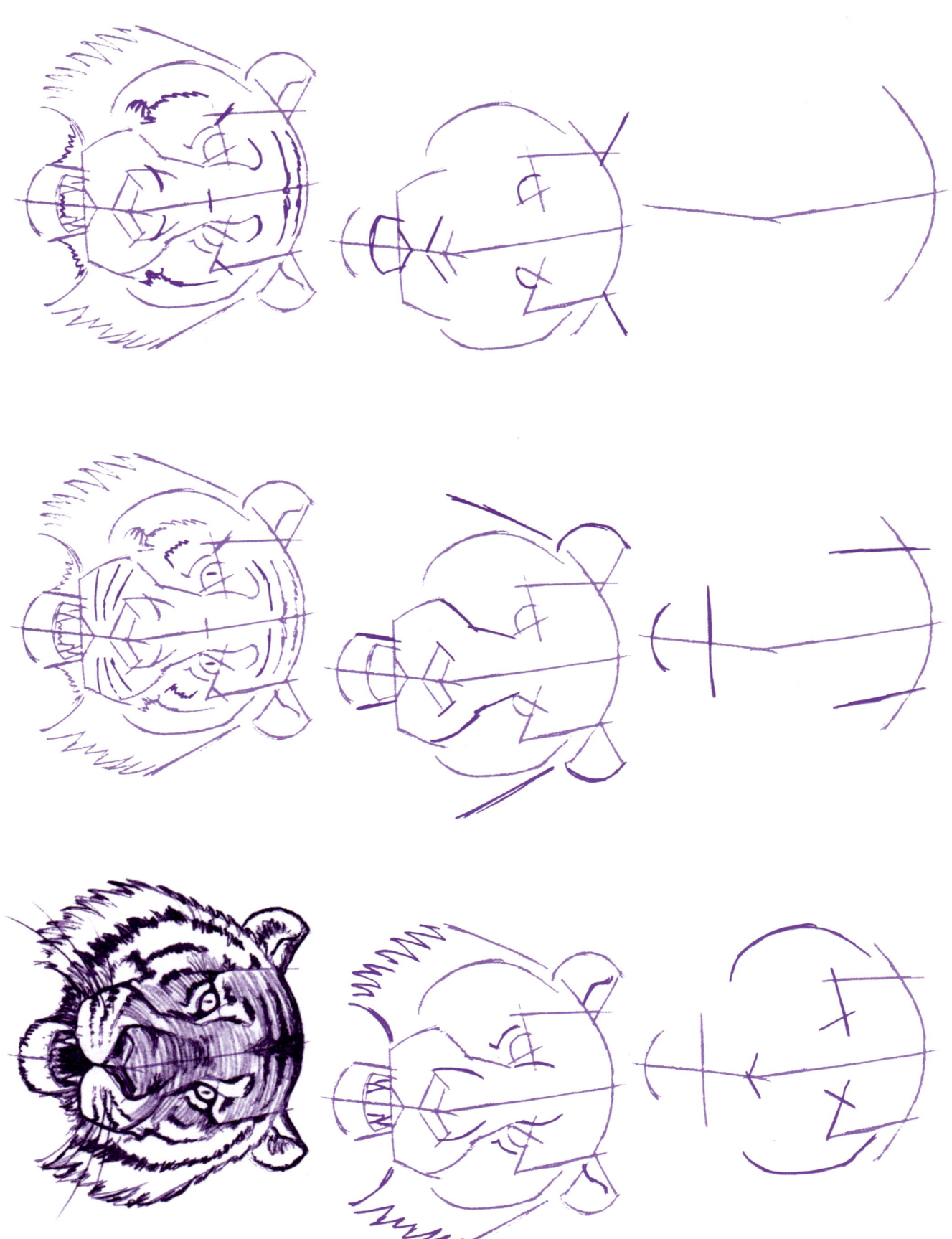

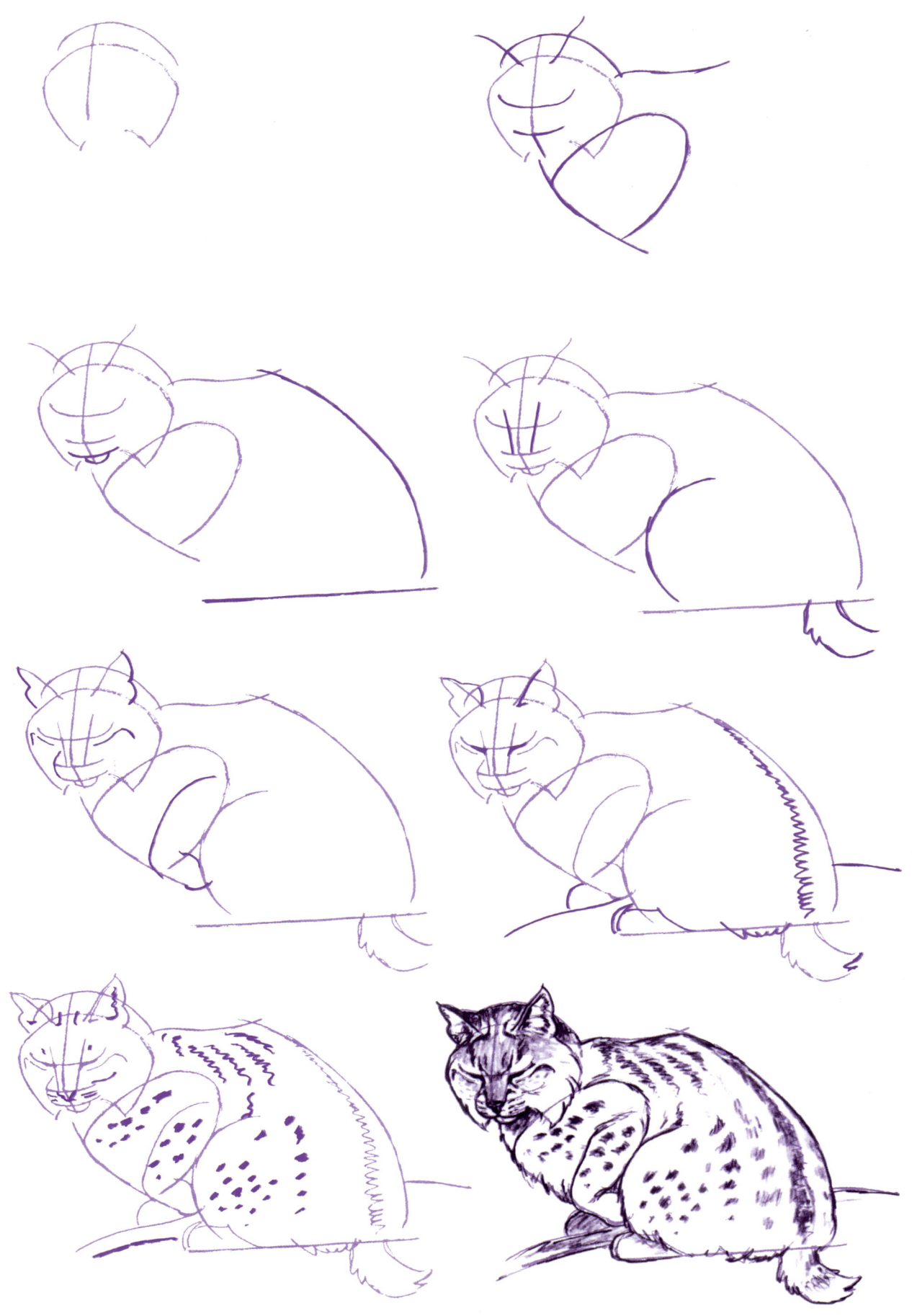

37 Lince

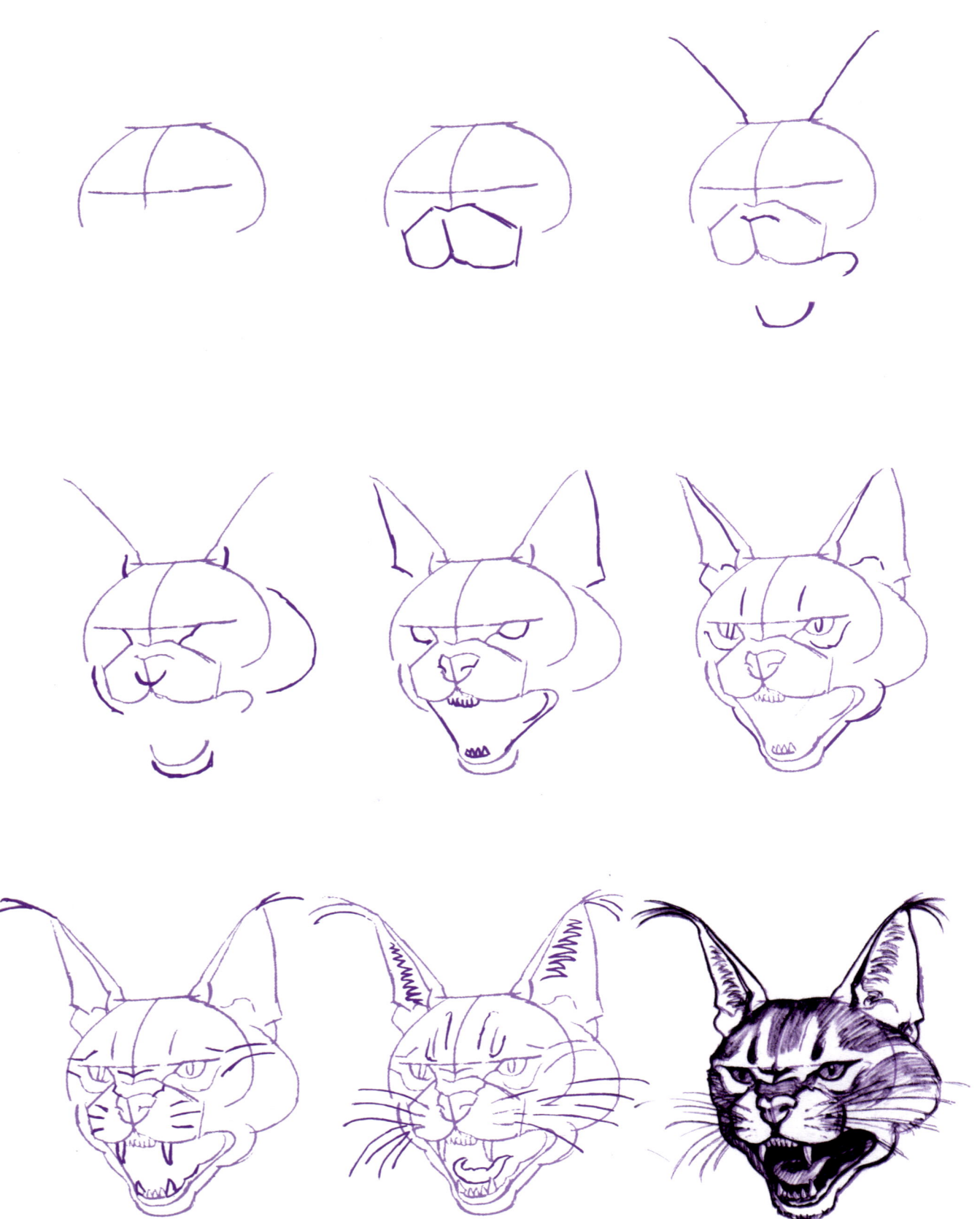

38 Caracal

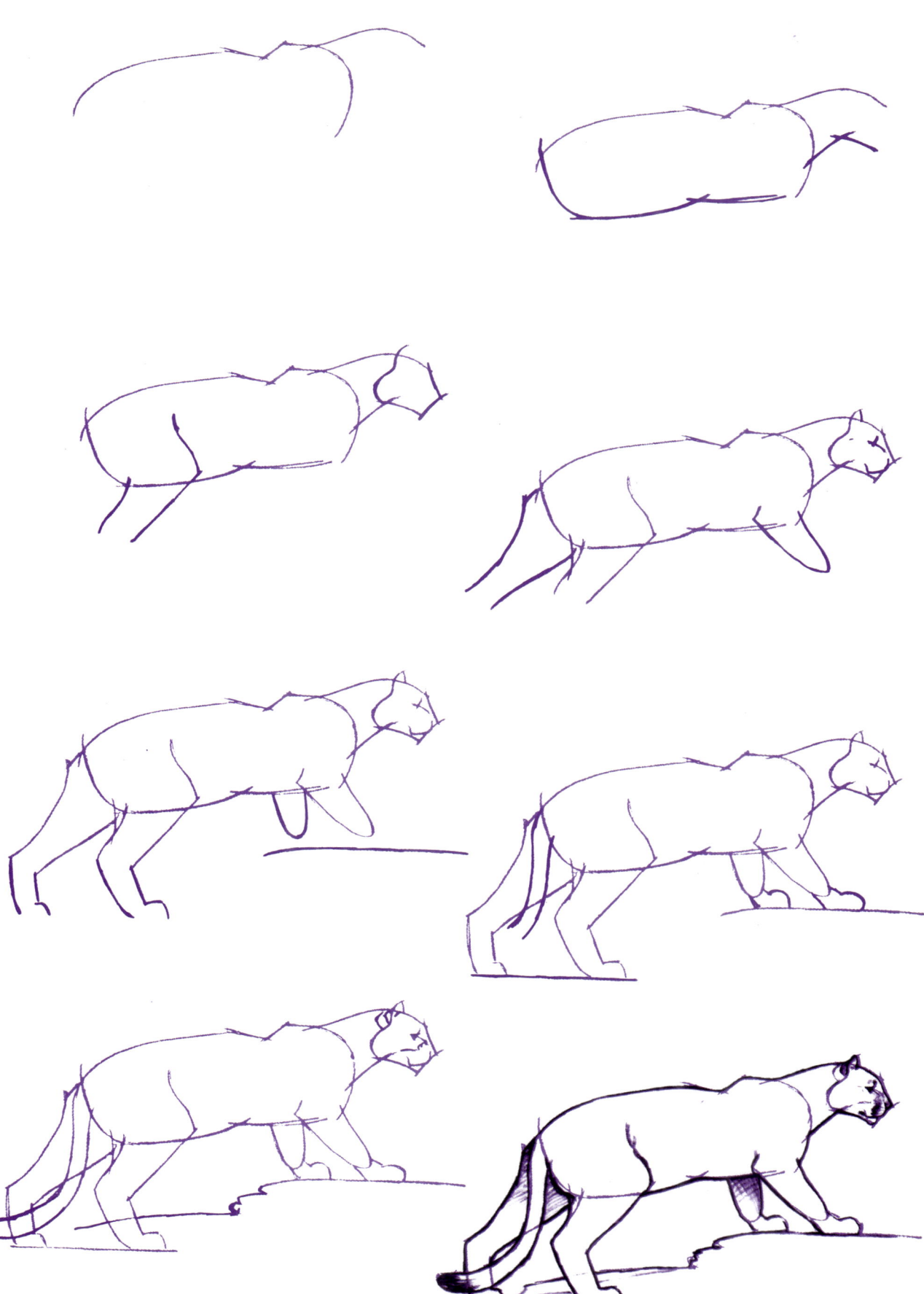

39 Puma

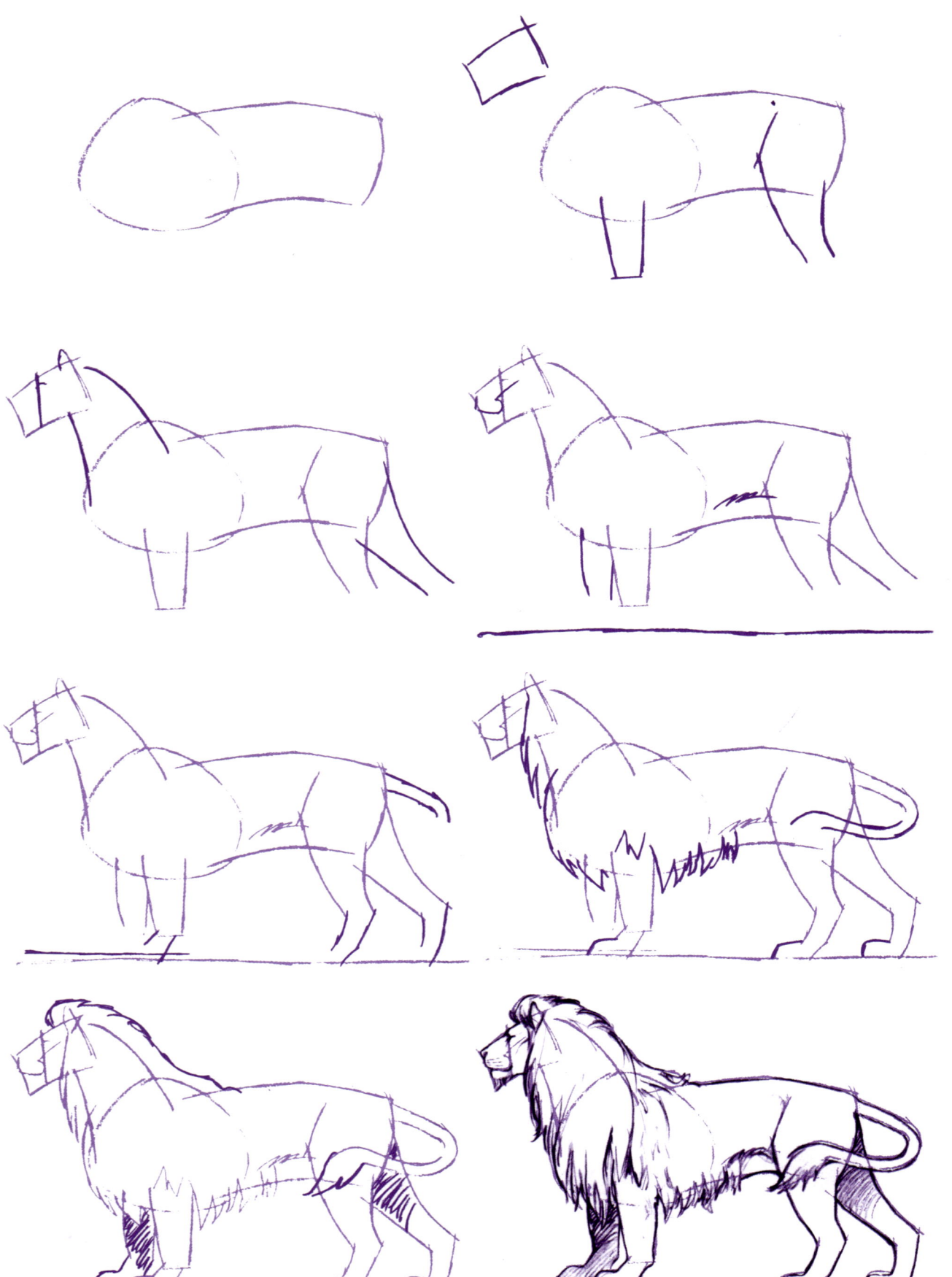

40 León

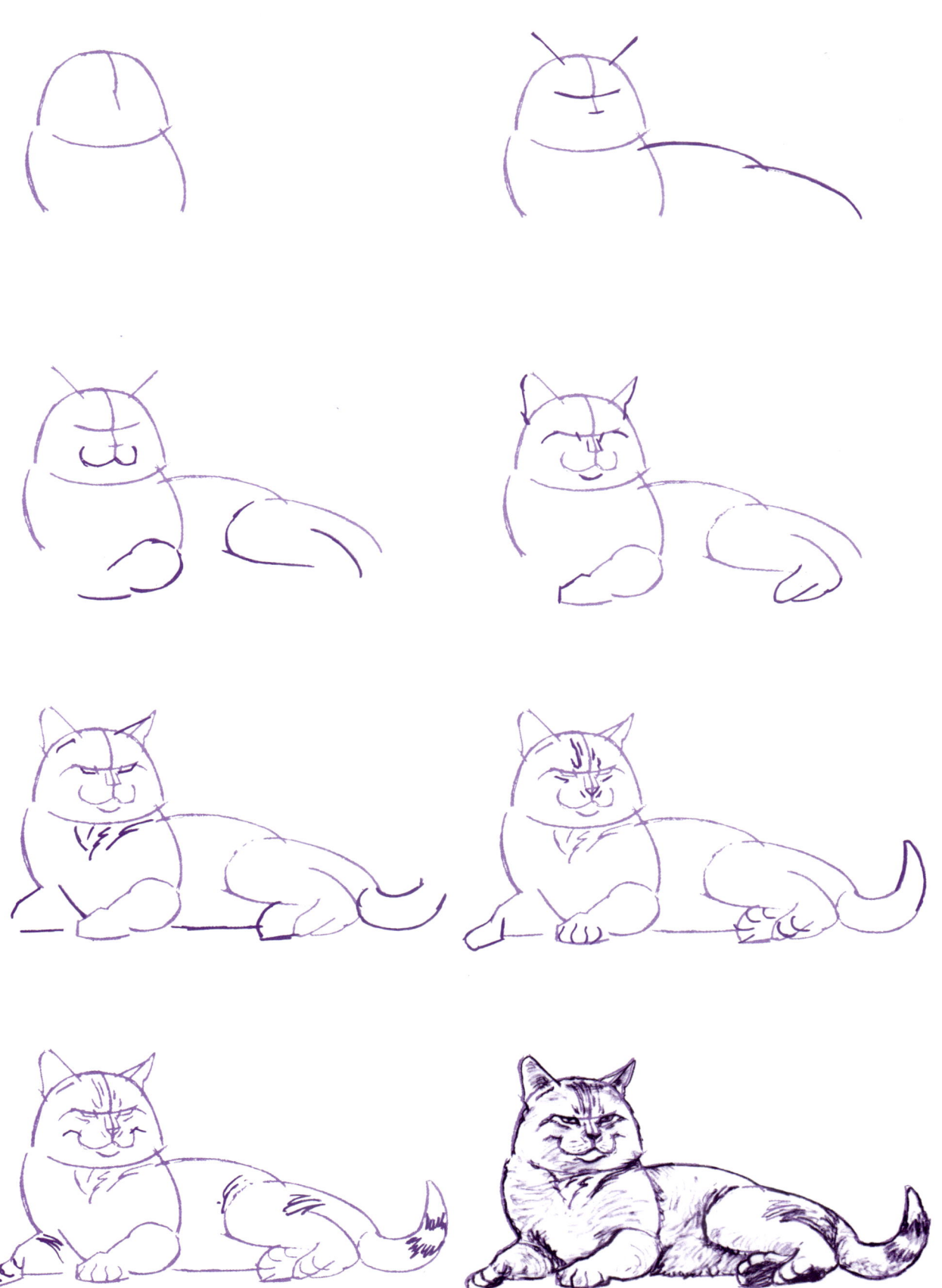

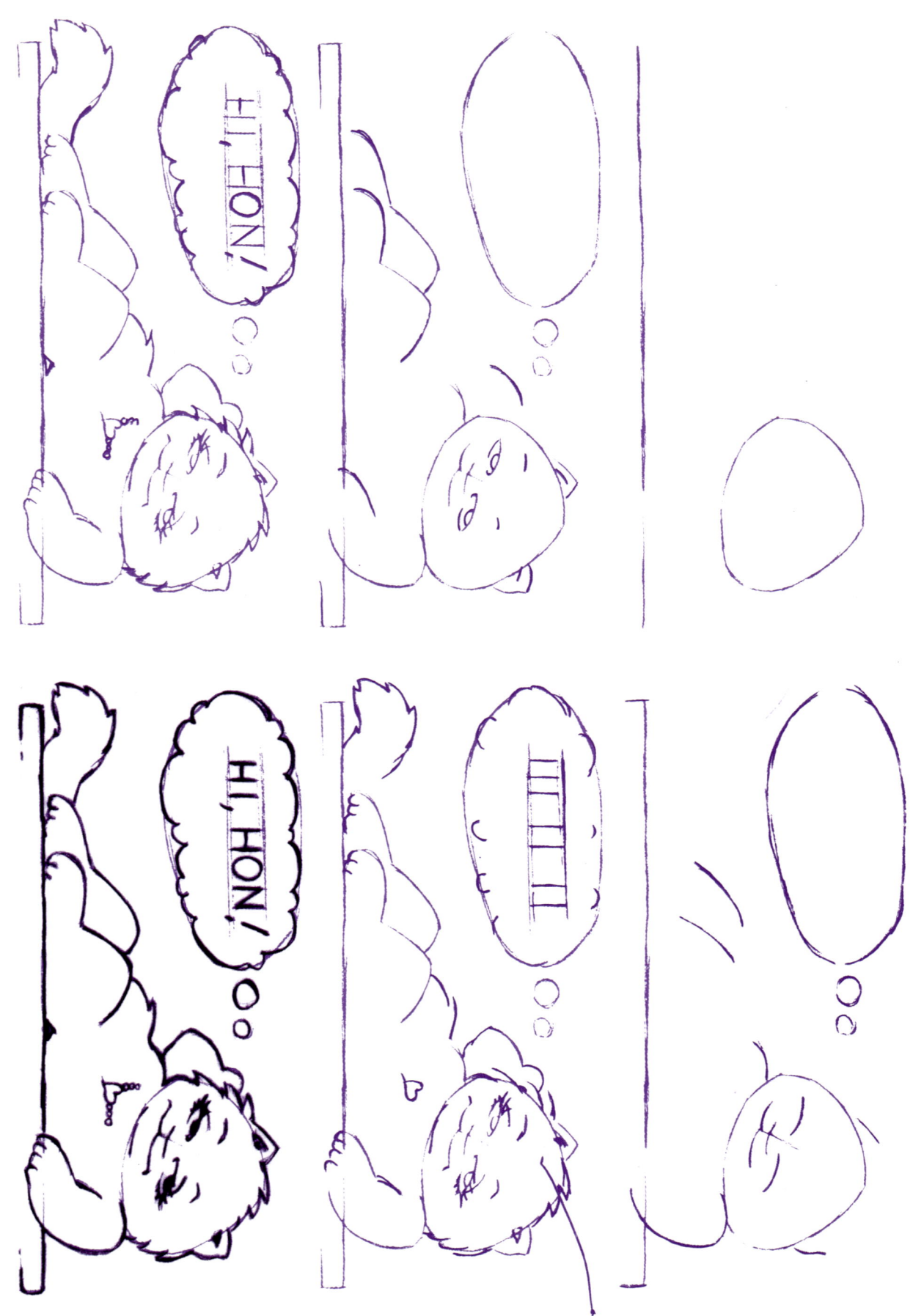

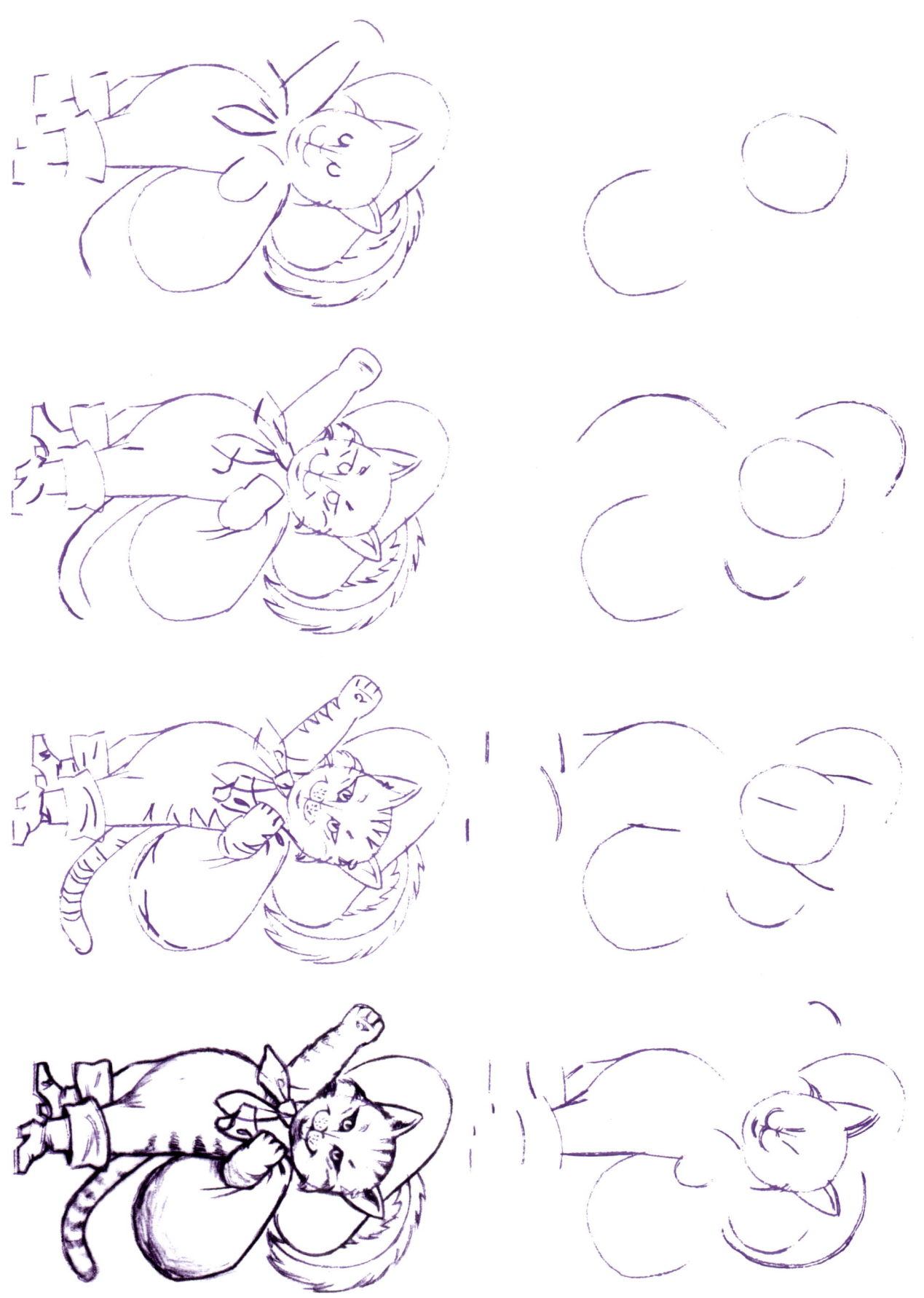

43 El Gato con Botas

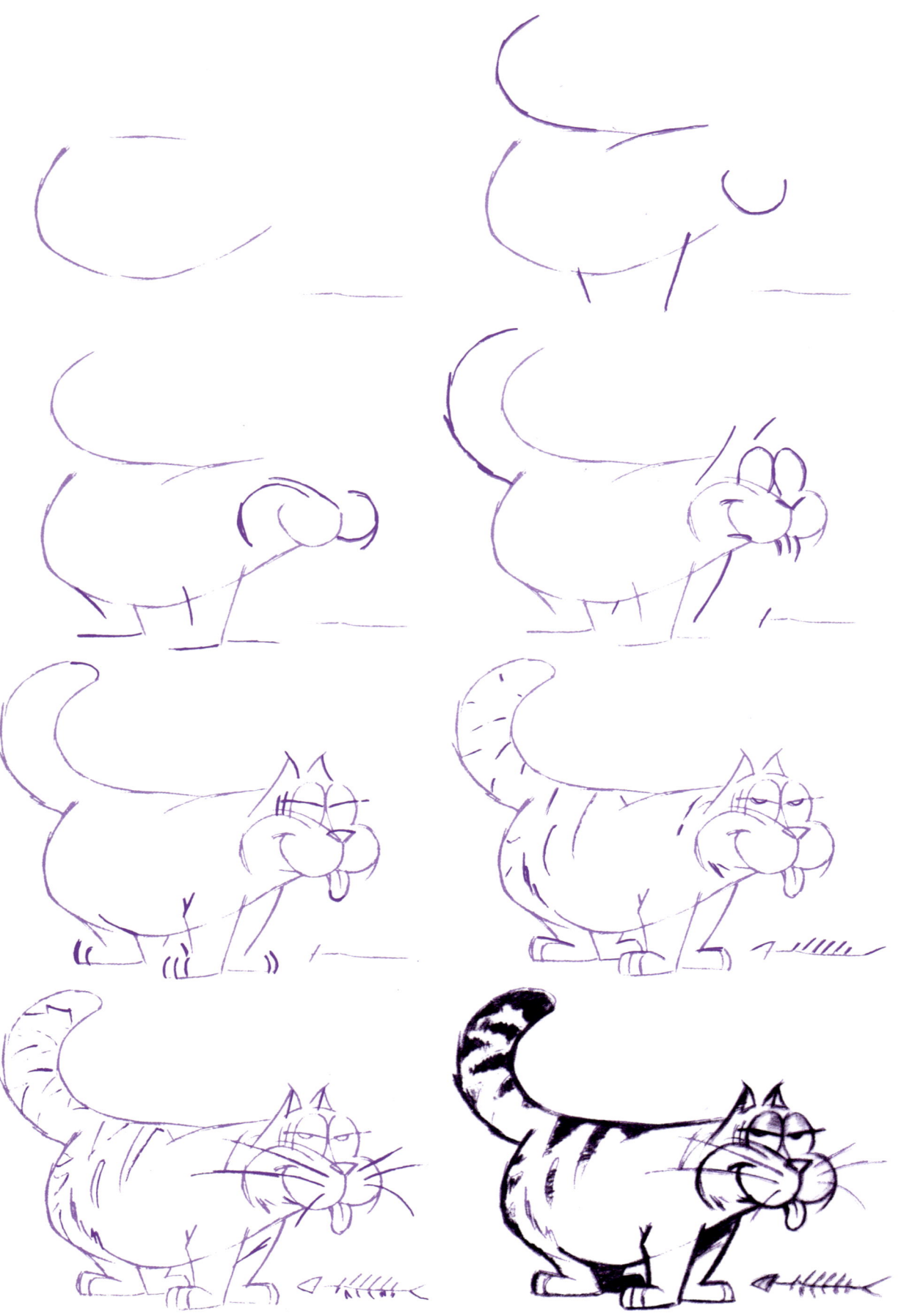

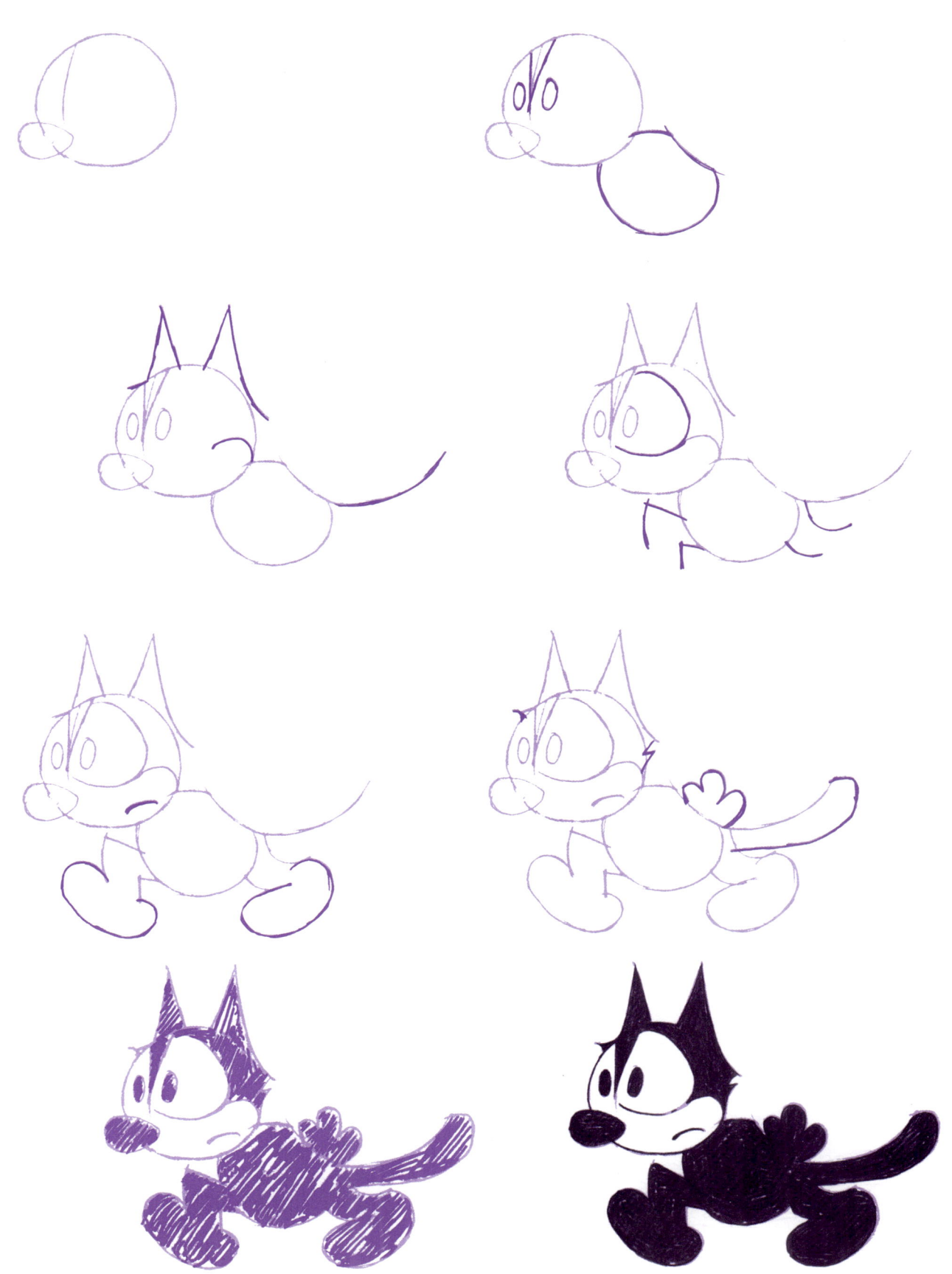

45 Félix el Gato ®

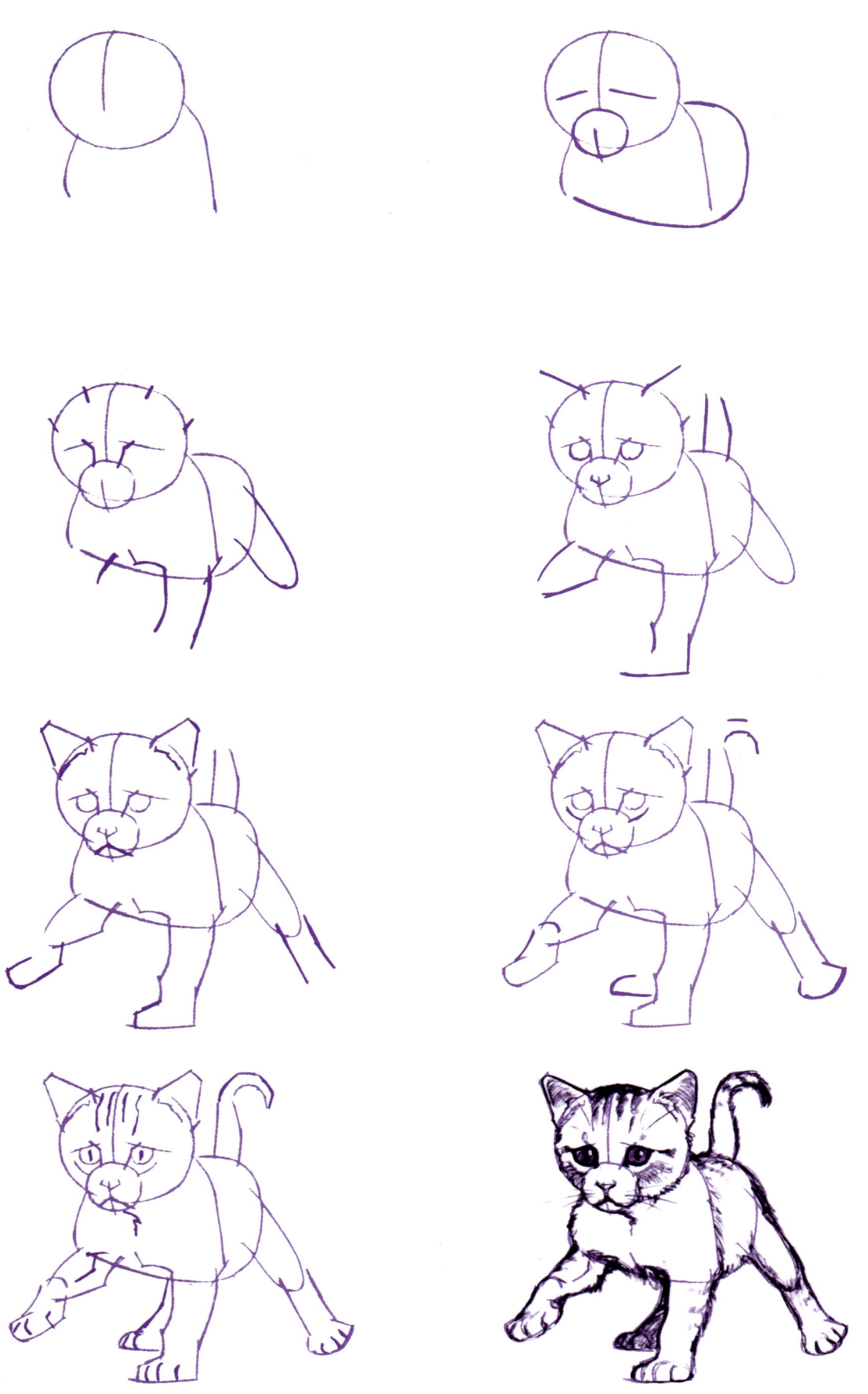

46 El gatito da sus primeros pasos

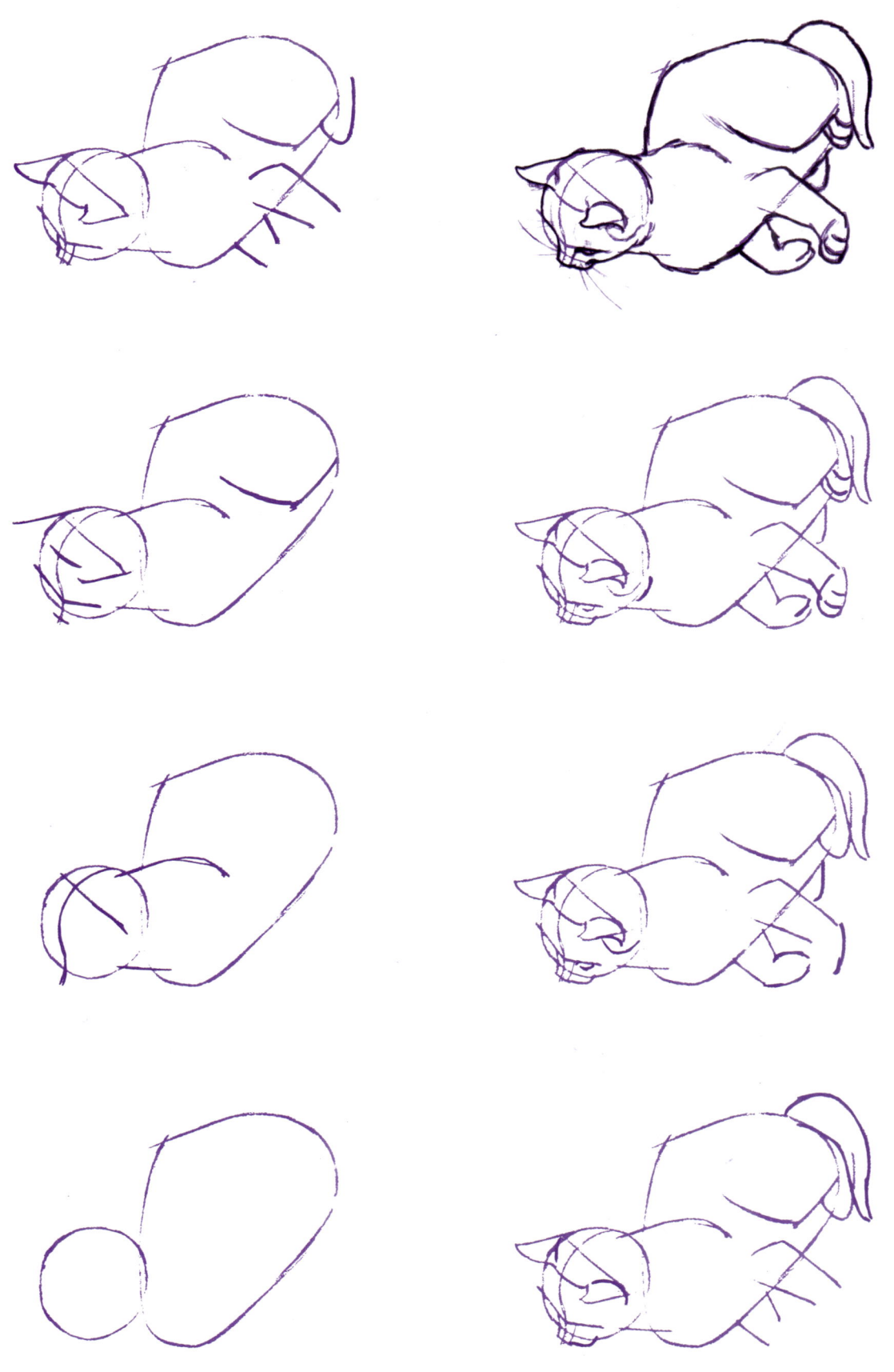

47 Los gatitos son muy curiosos

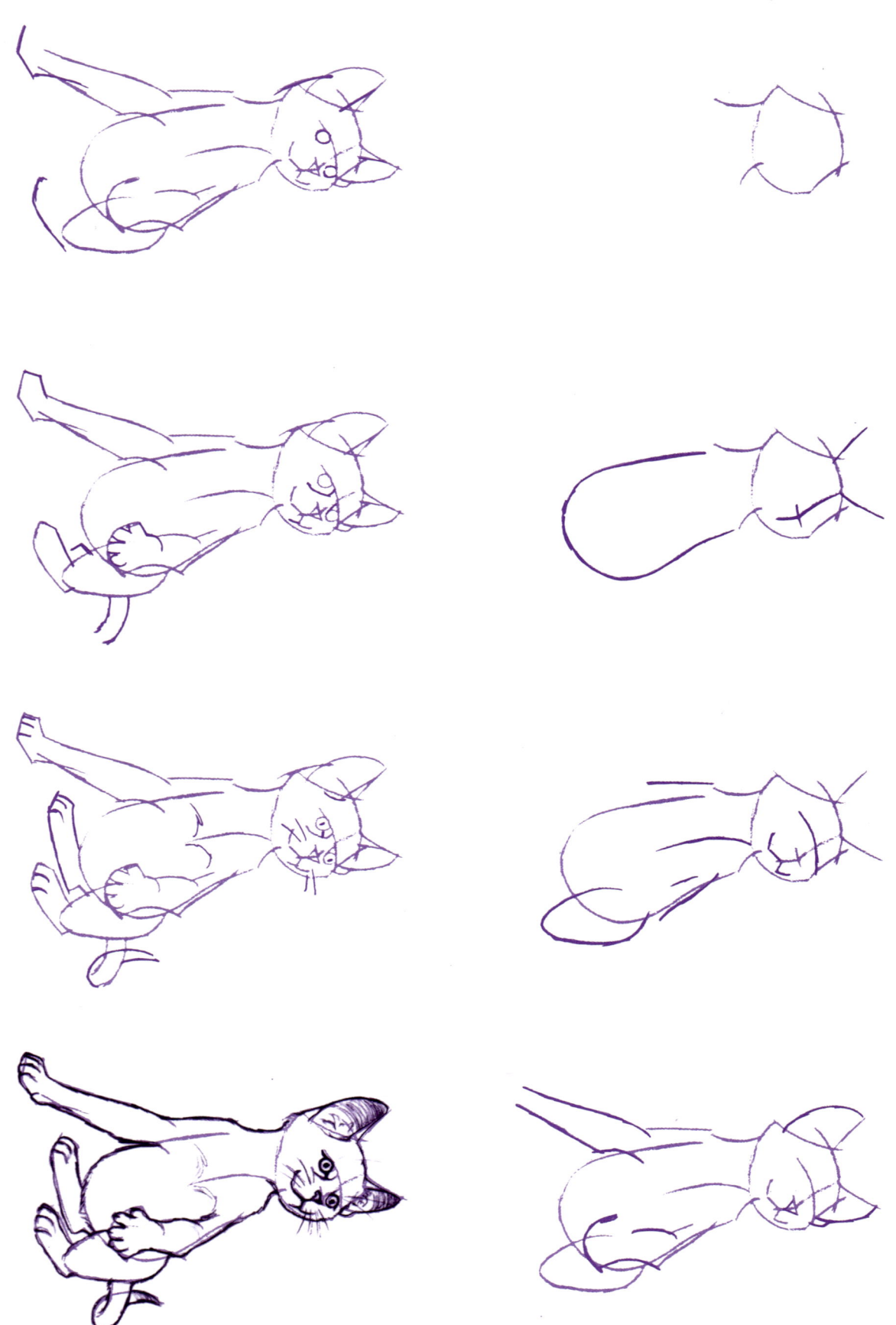

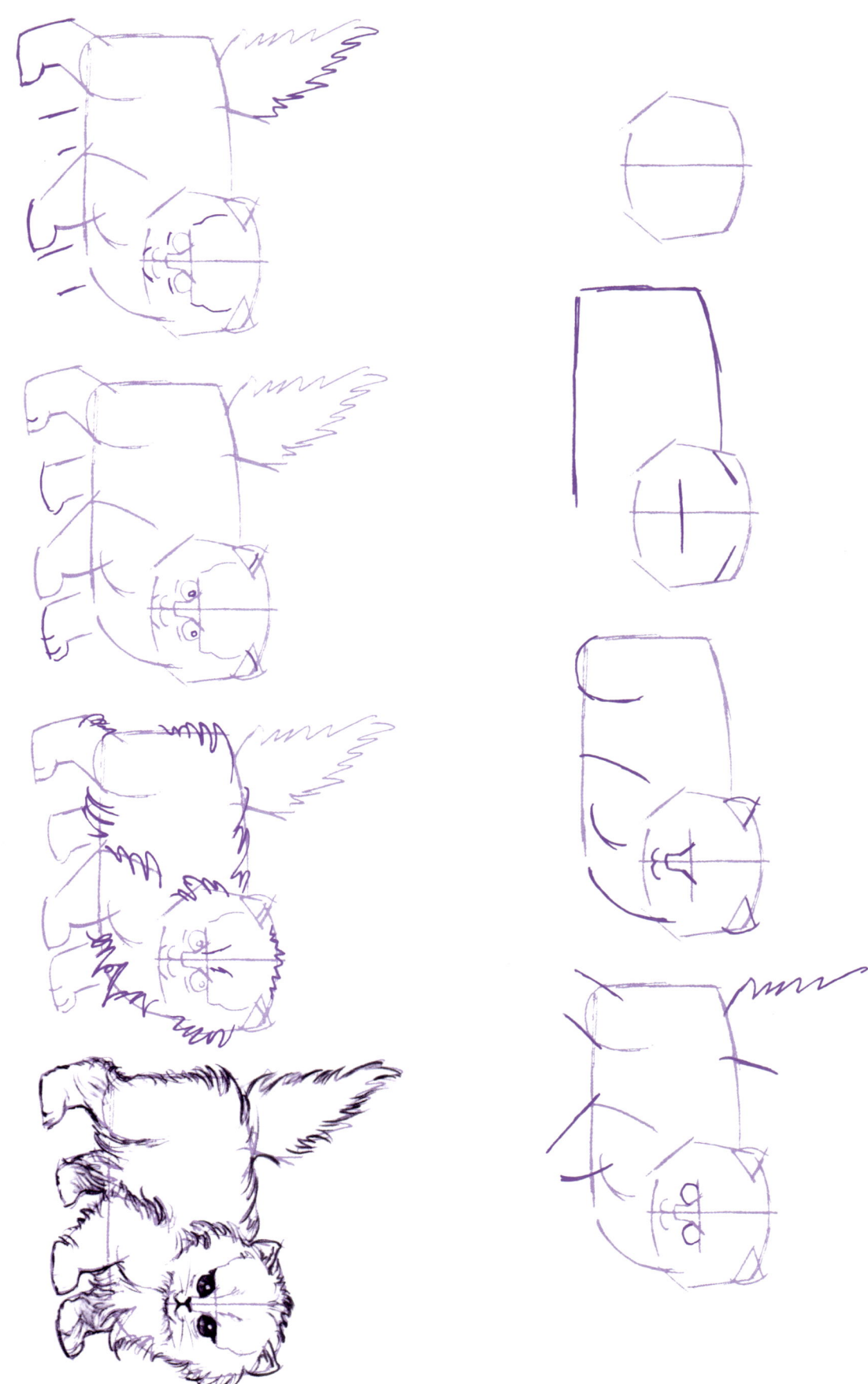

49 Gatito persa

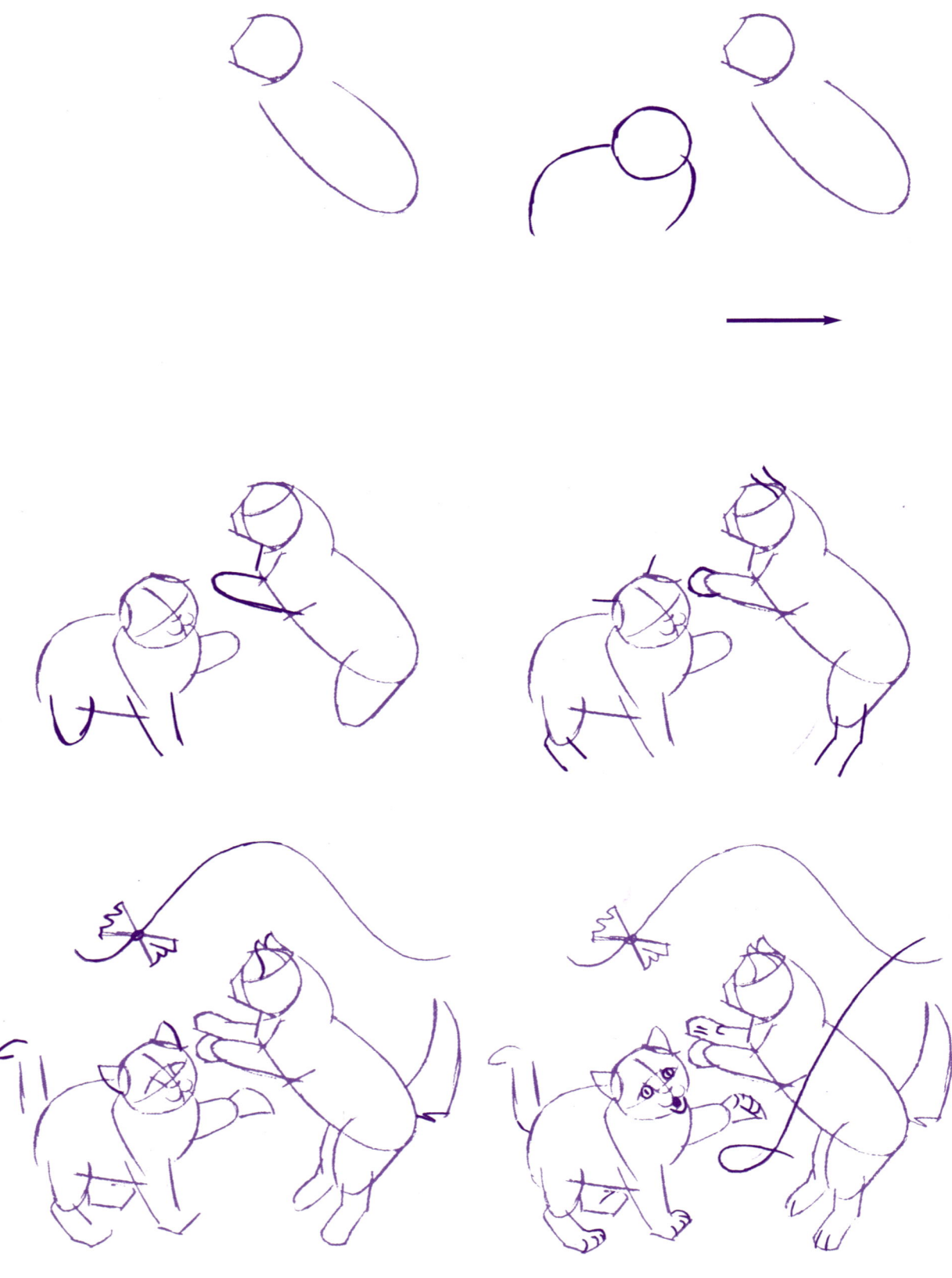

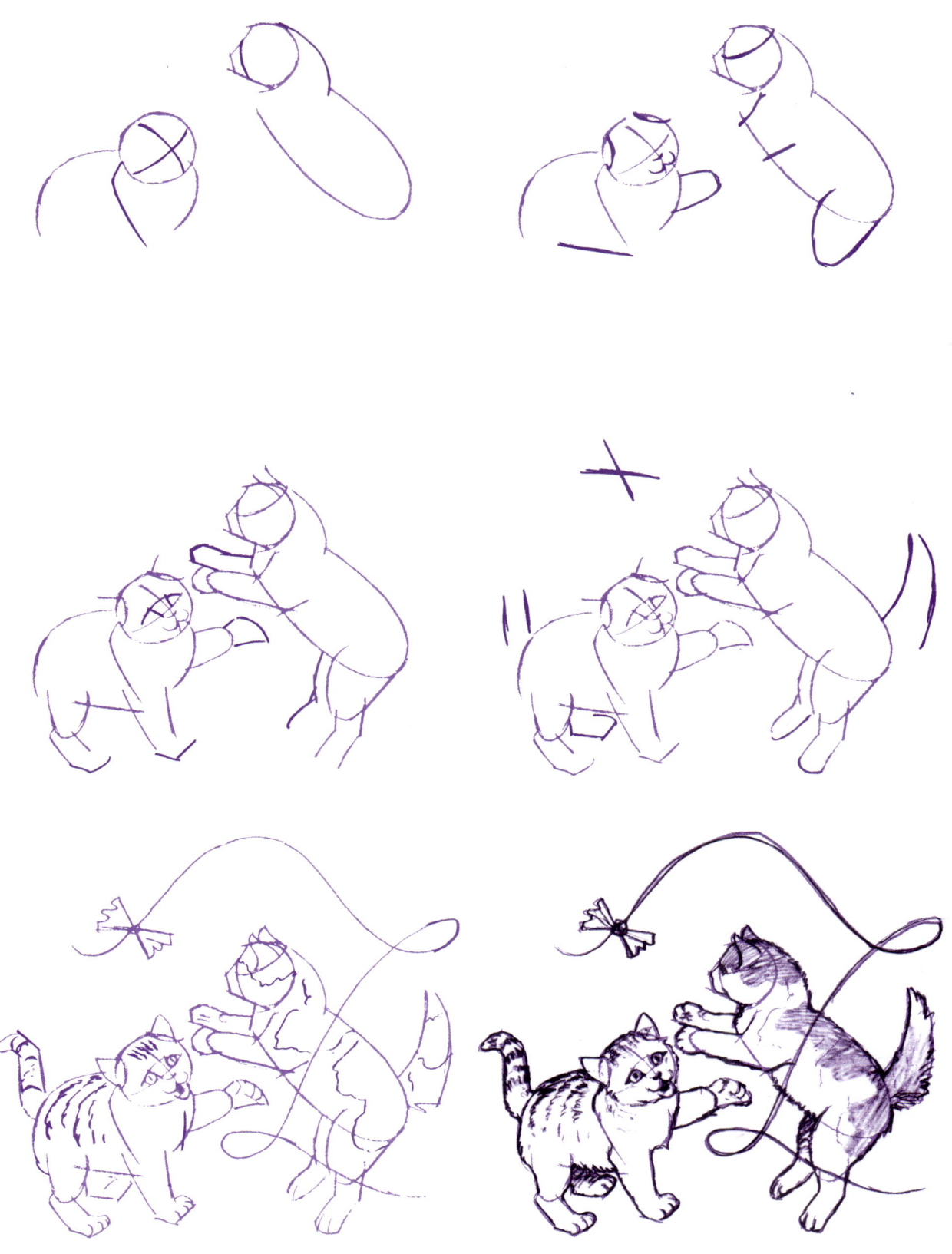

51 Gatitos jugando

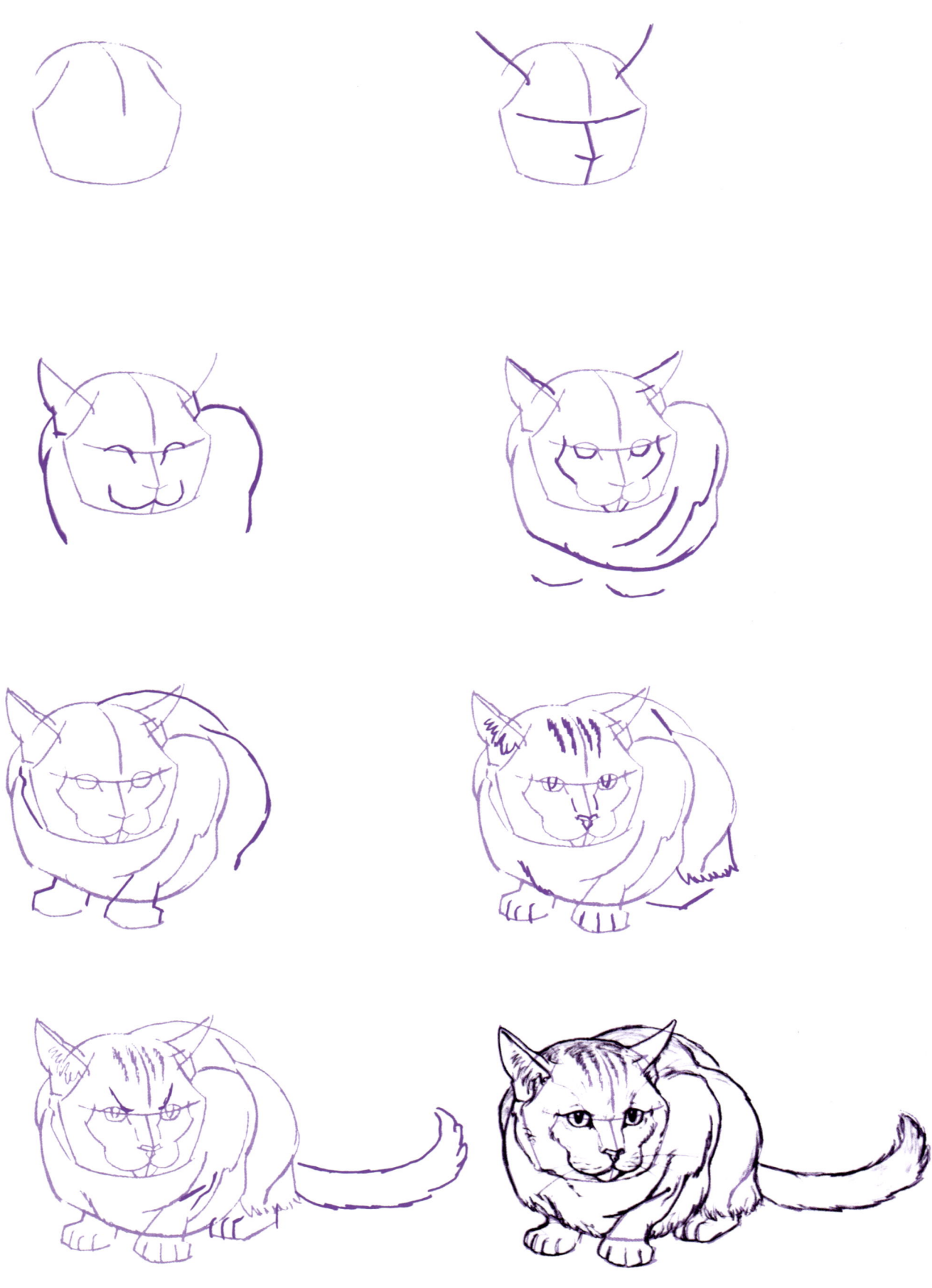

52 Posición ofensiva

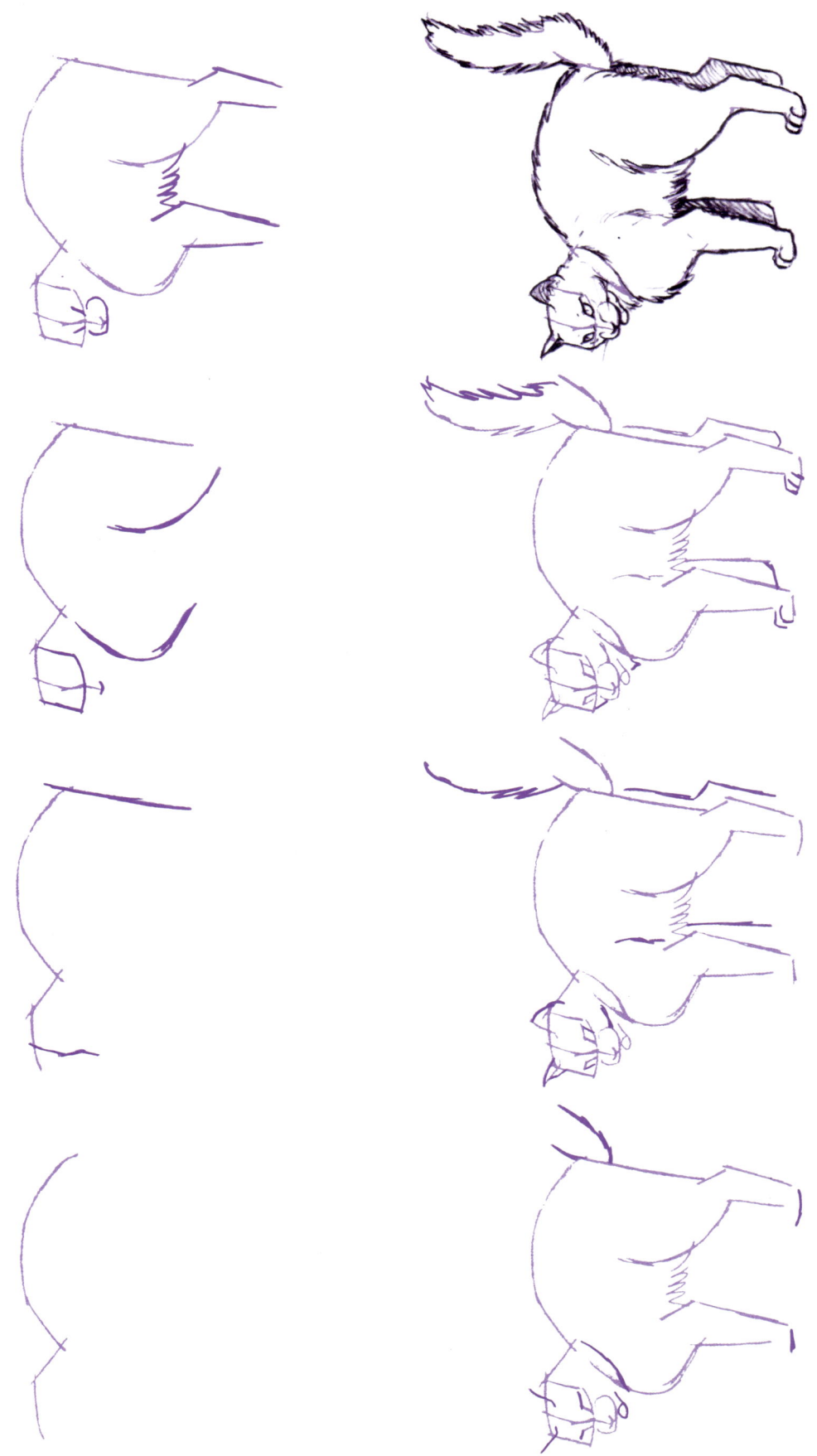

53 Posición defensiva

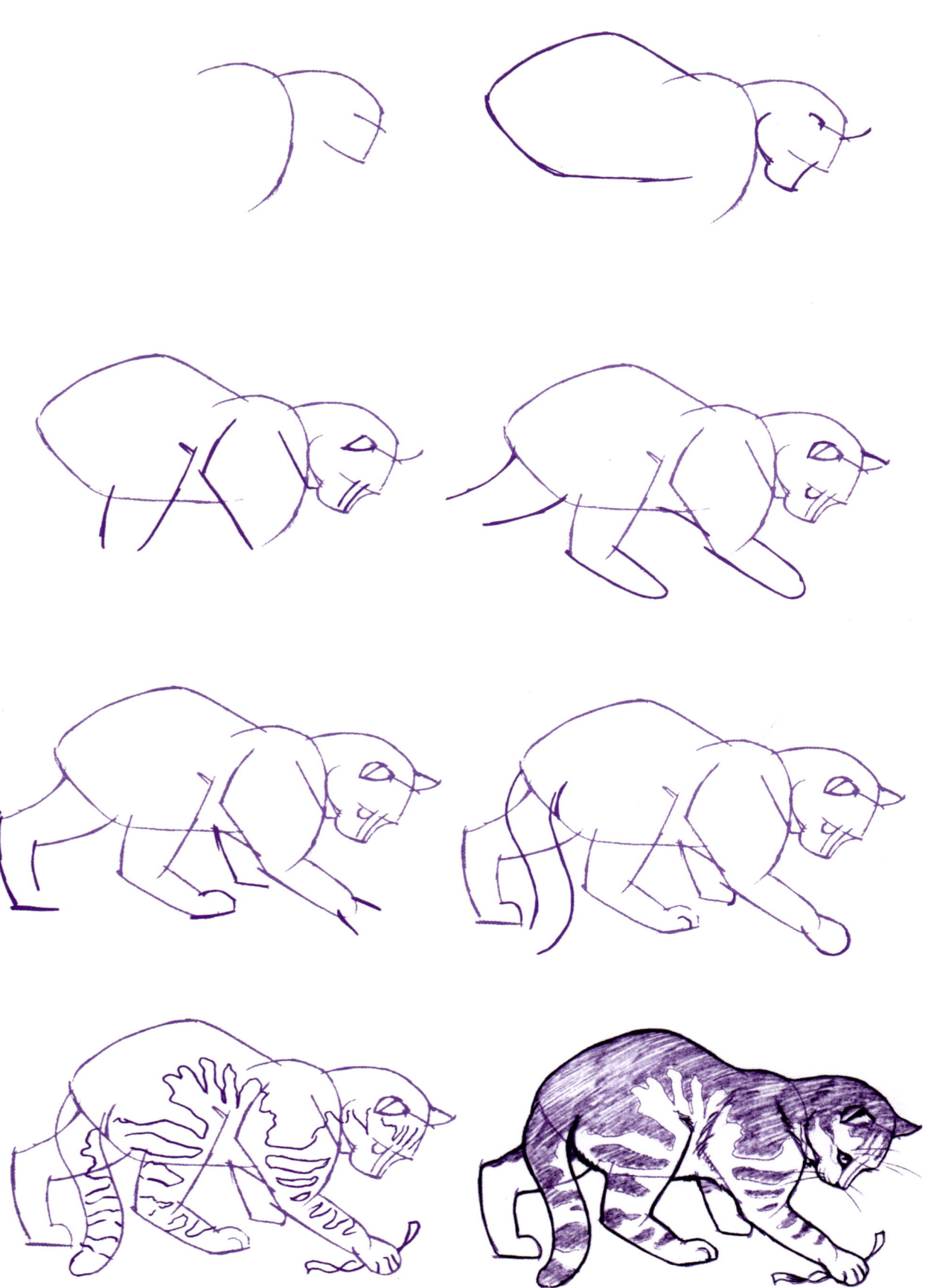

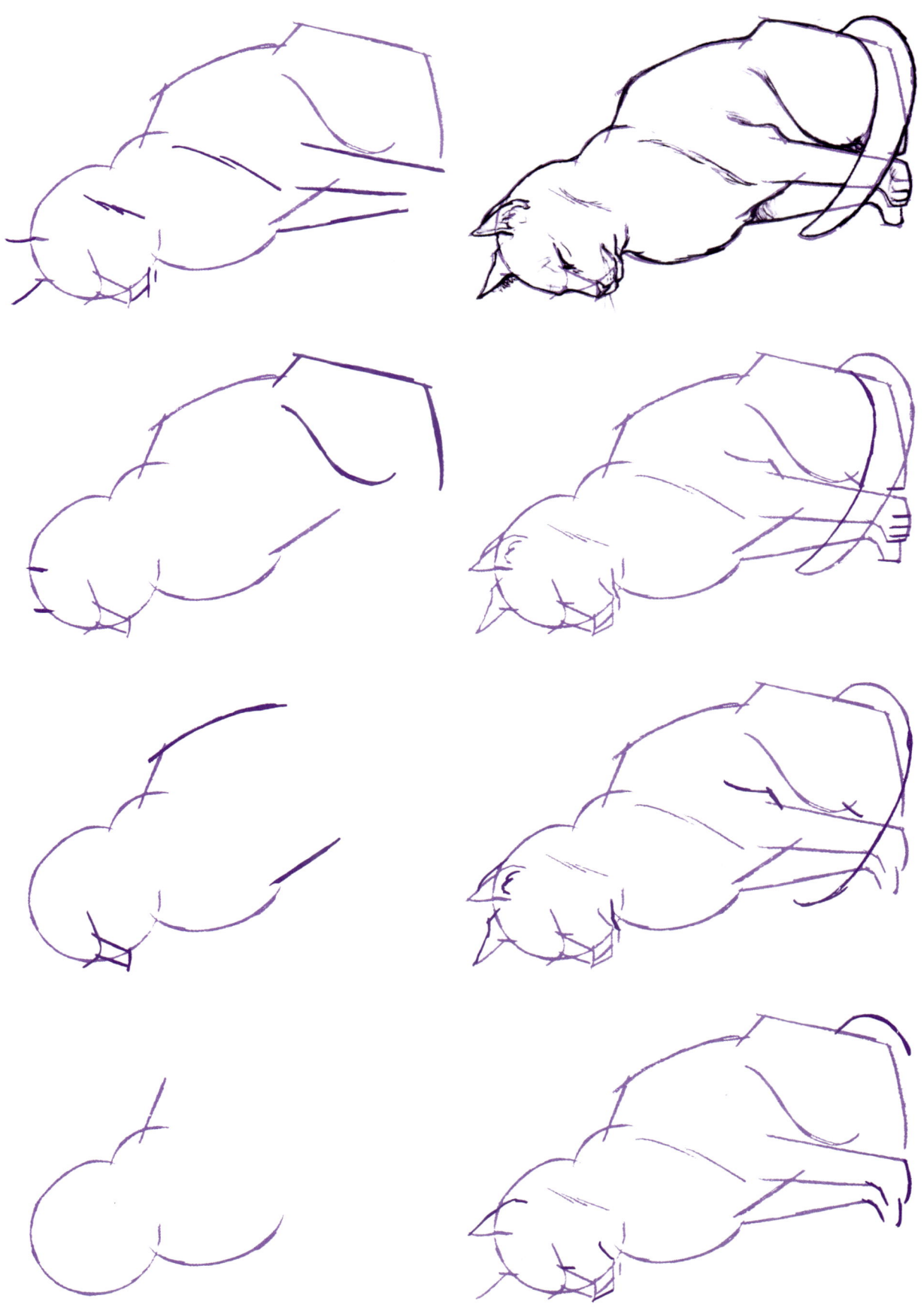

55 Durmiéndose

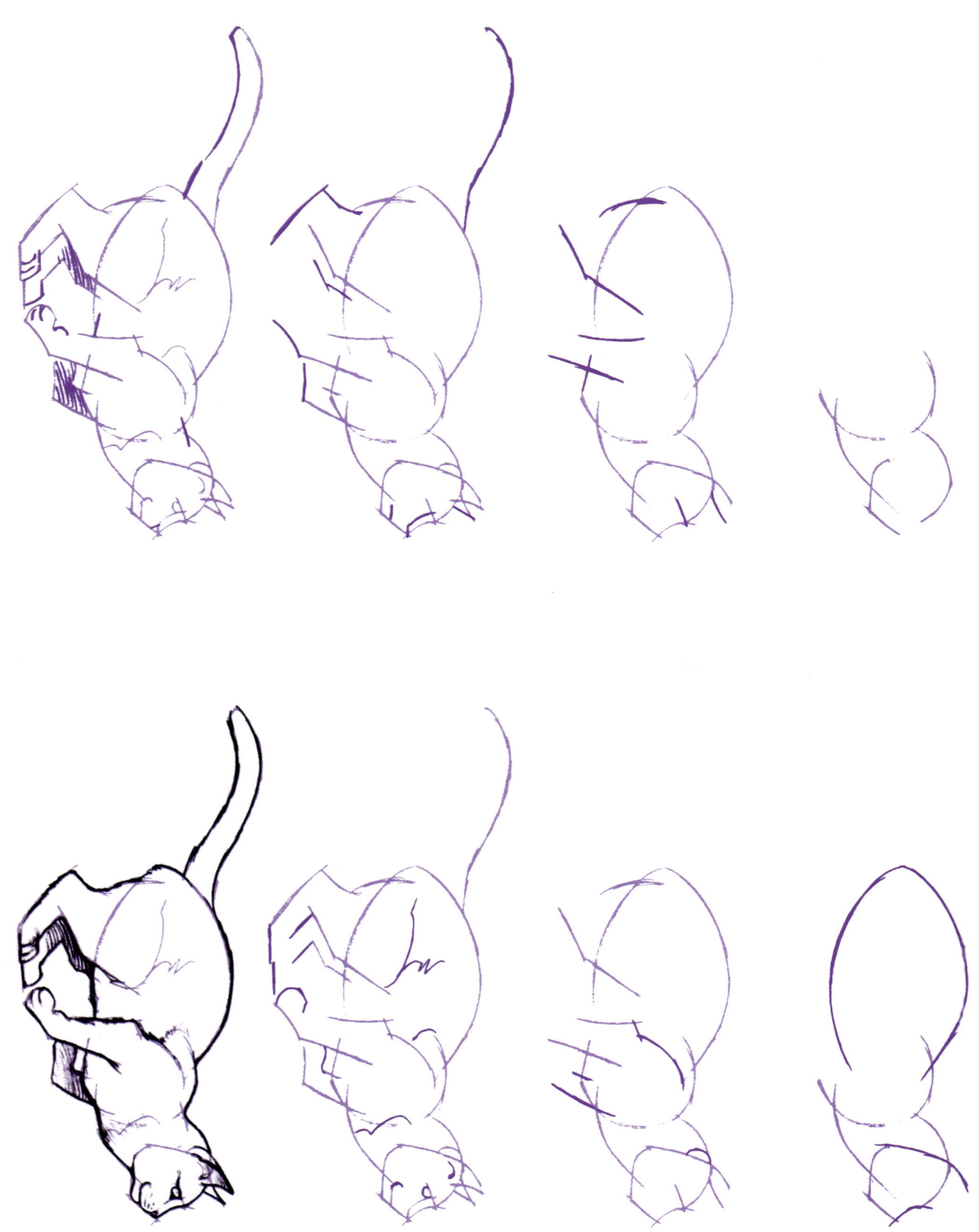

56 A punto de saltar

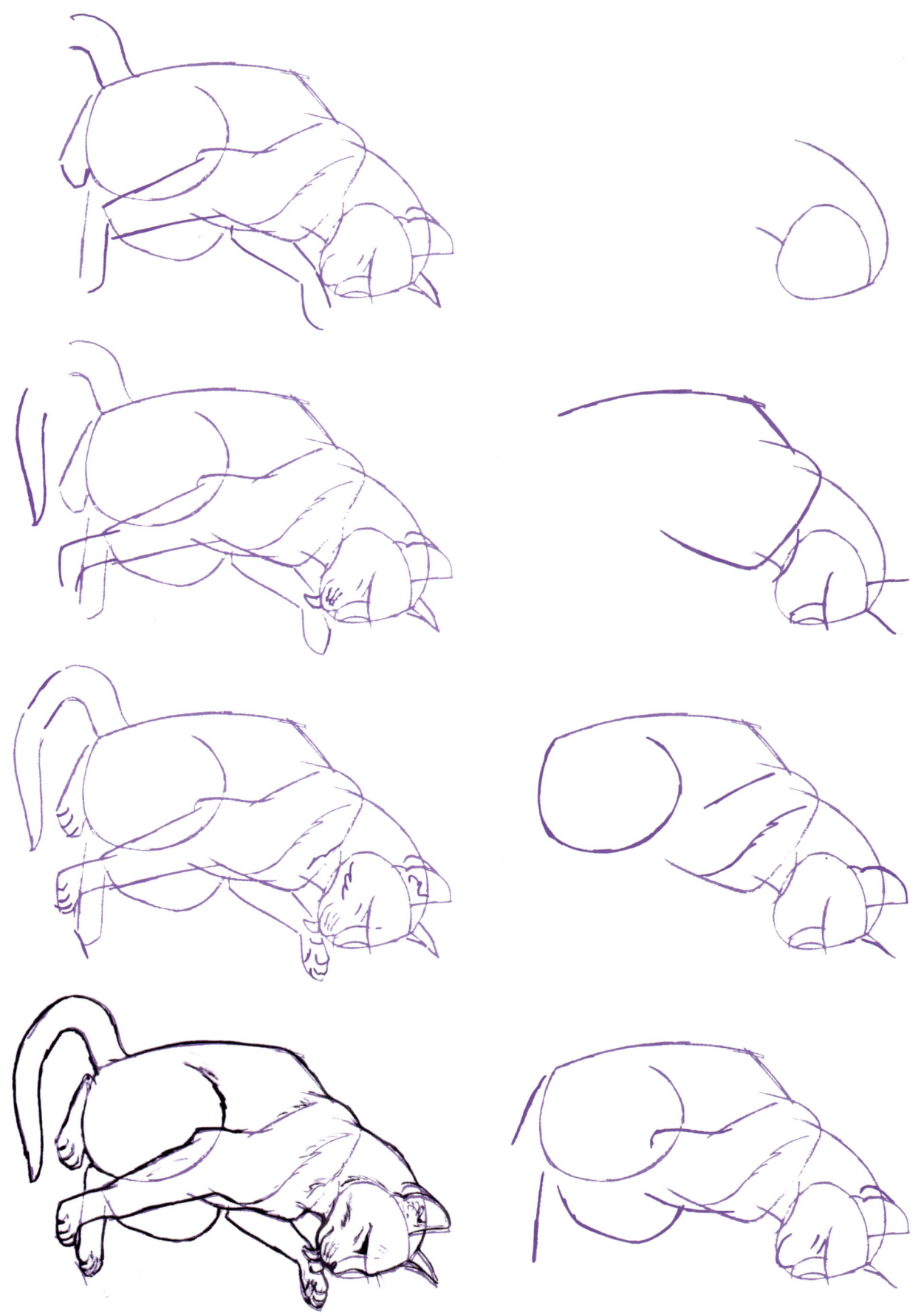

57 Lamiéndose la patita

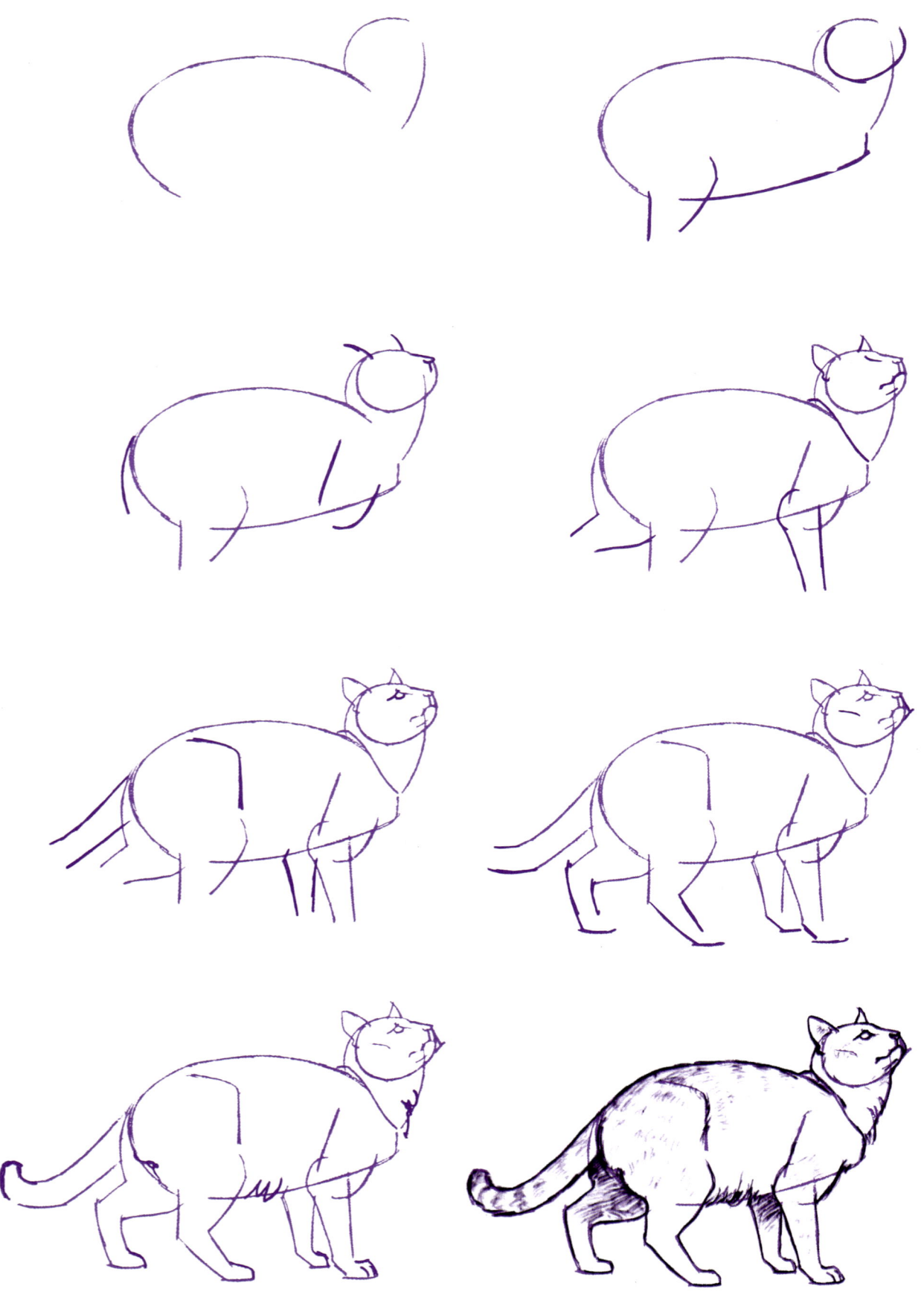

58 En actitud curiosa

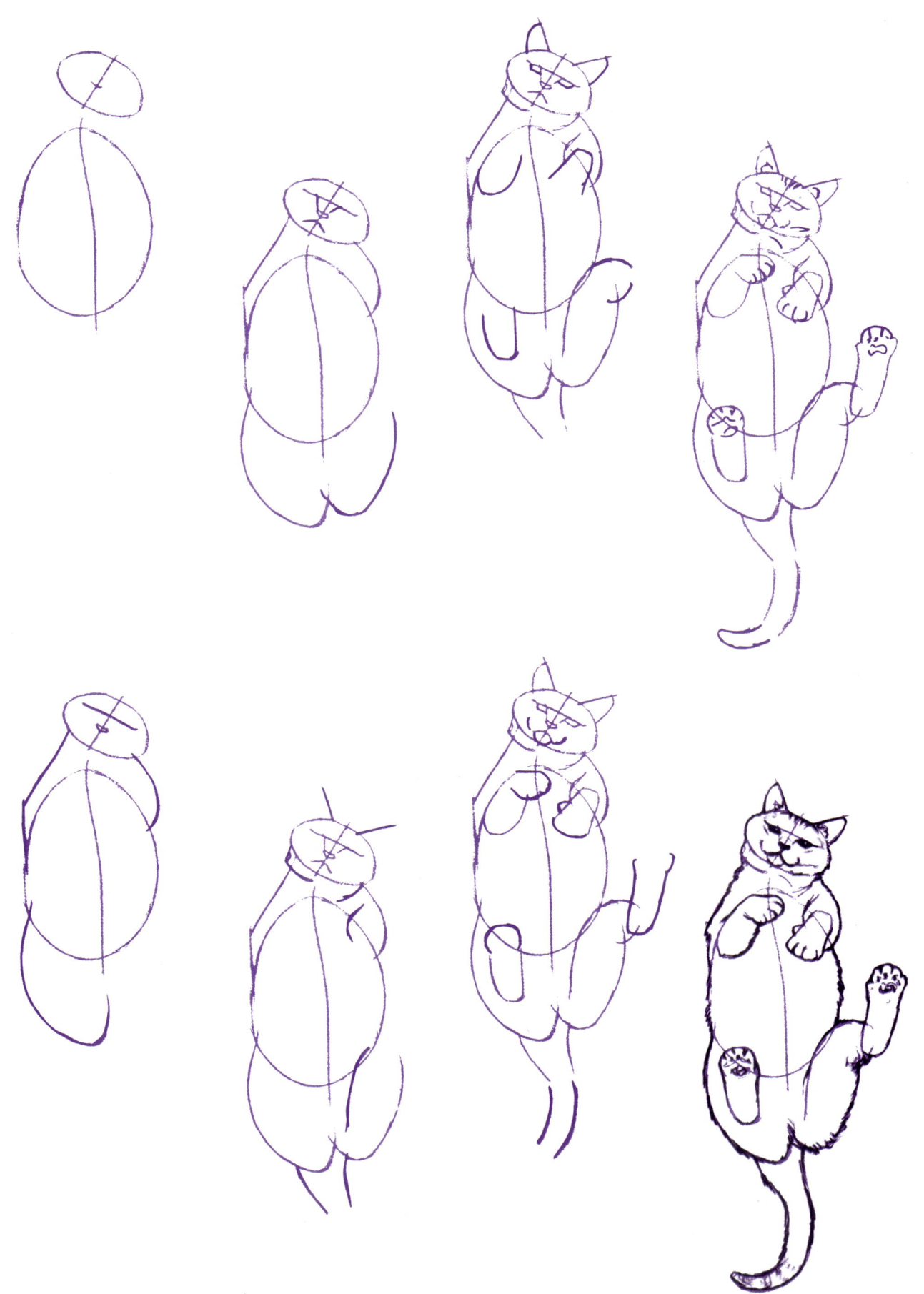

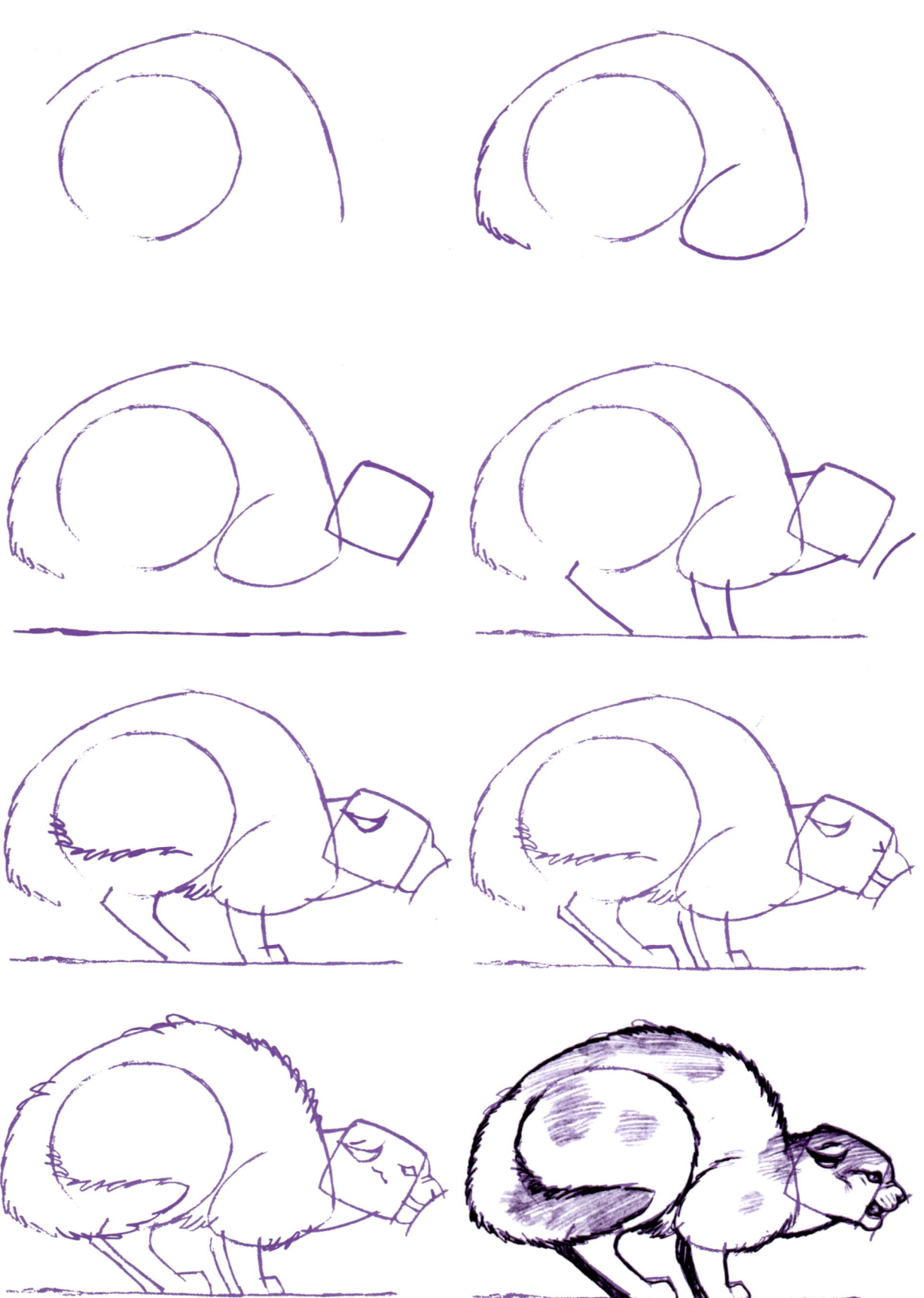

60 Tiene miedo

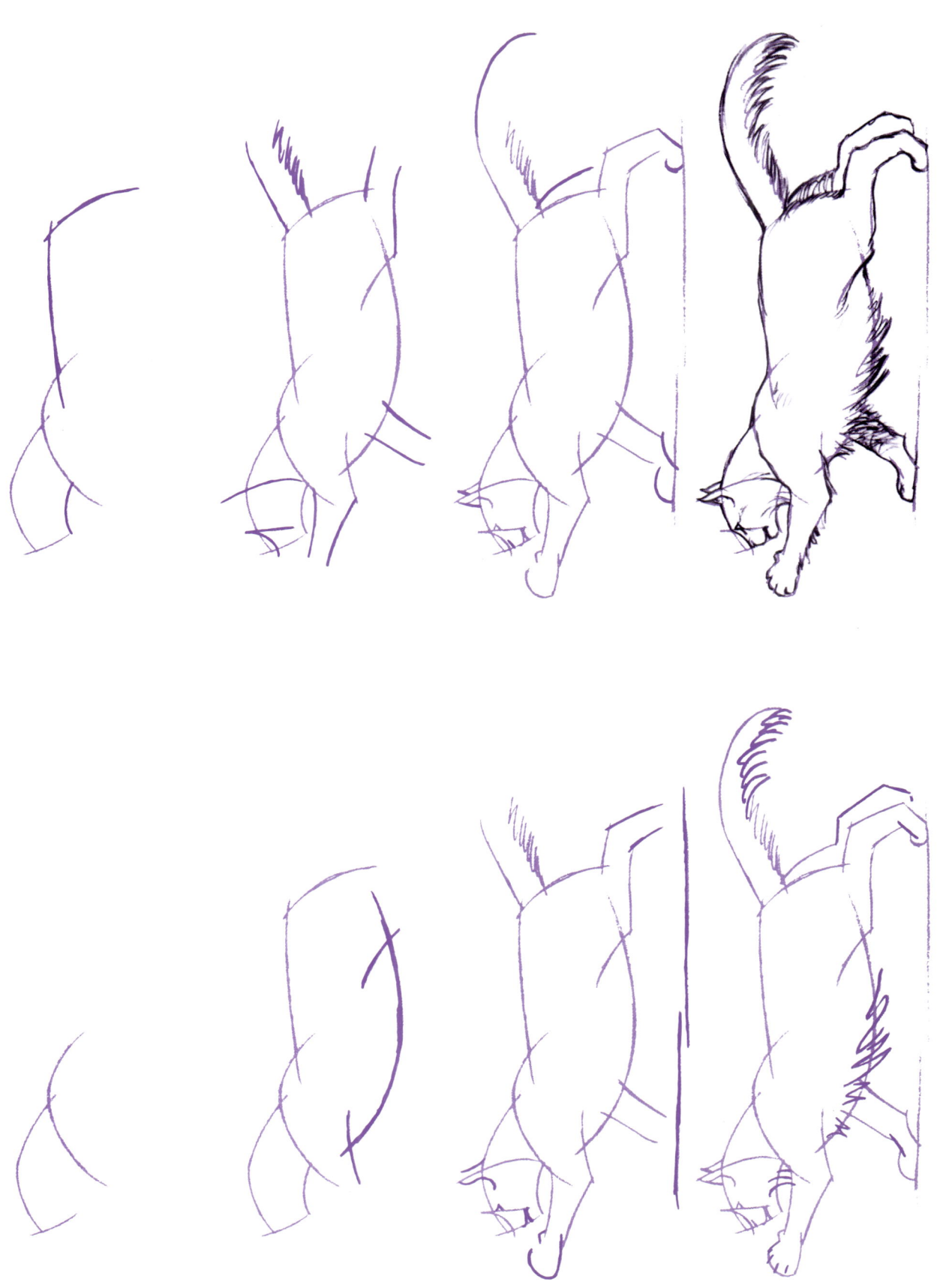

61 Se pelea

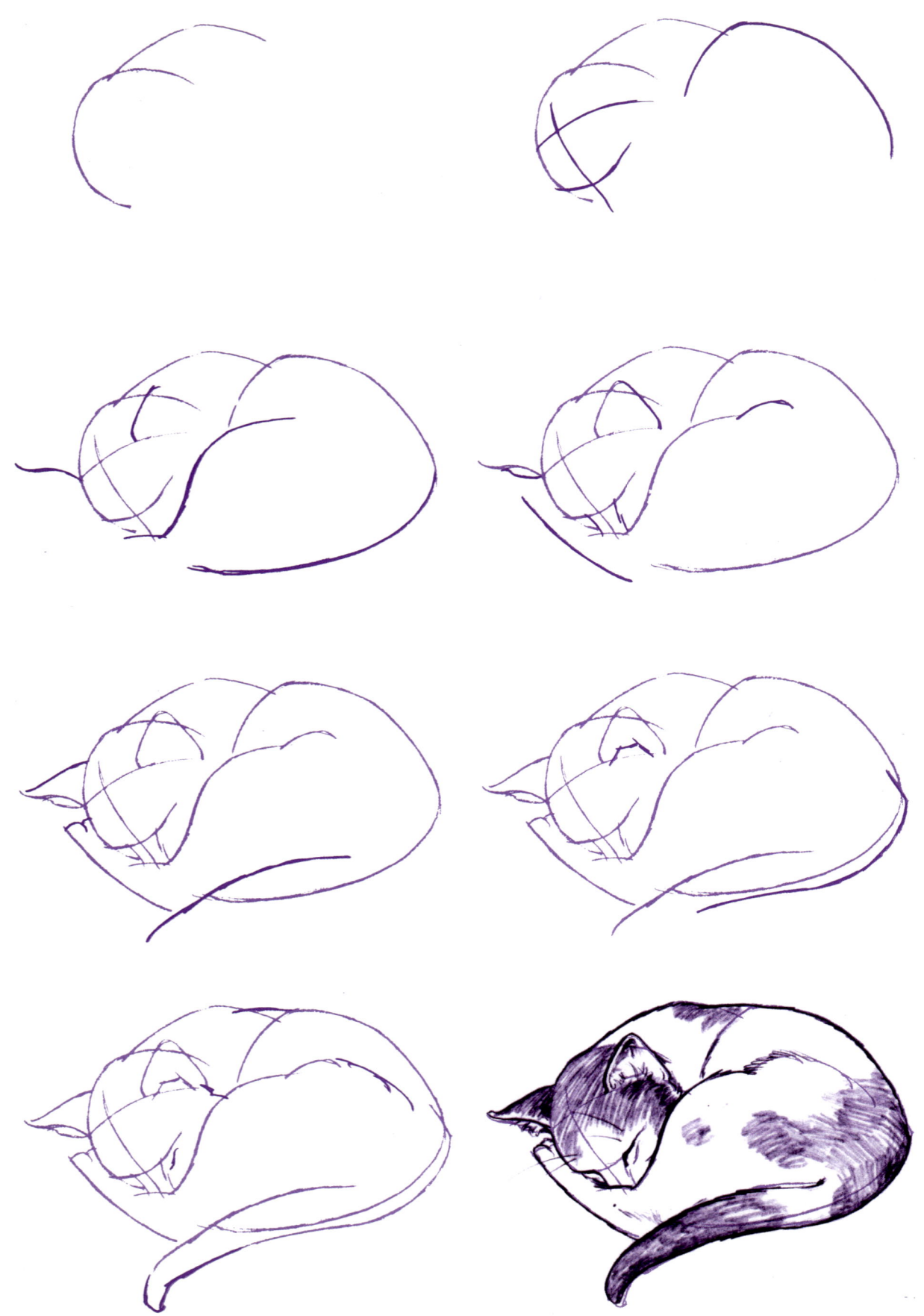

Otros títulos de la colección

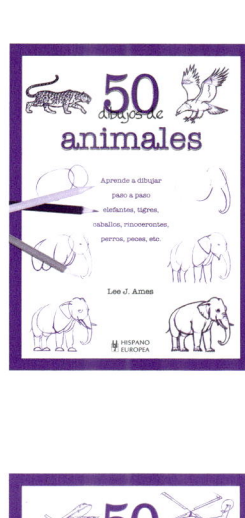

50 dibujos de
animales
Aprende a dibujar
paso a paso
elefantes, tigres,
caballos, rinocerontes,
perros, peces, etc.

Lee J. Ames

HISPANO
EUROPEA

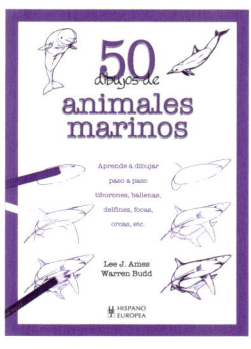

50 dibujos de
animales marinos
Aprende a dibujar
paso a paso
tiburones, ballenas,
delfines, focas,
orcas, etc.

Lee J. Ames
Warren Budd

HISPANO
EUROPEA

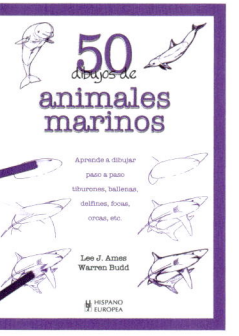

50 dibujos de
animales a proteger
Aprende a dibujar
paso a paso ballenas,
osos panda, gorilas
y otros muchos
animales que podrían
acabar desapareciendo.

Lee J. Ames
Warren Budd

HISPANO
EUROPEA

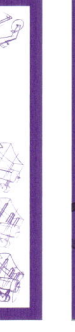

50 dibujos de
aviones
Aprende a dibujar
paso a paso cazas
de combate, biplanos y
triplanos, dirigibles,
cápsulas espaciales,
helicópteros, etc.

Lee J. Ames

HISPANO
EUROPEA

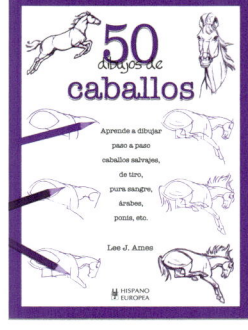

50 dibujos de
caballos
Aprende a dibujar
paso a paso
caballos salvajes,
de tiro,
pura sangre,
árabes,
ponis, etc.

Lee J. Ames

HISPANO
EUROPEA

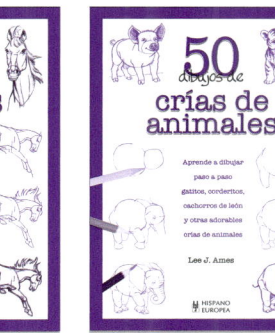

50 dibujos de
crías de animales
Aprende a dibujar
paso a paso
gatitos, corderitos,
cachorros de león
y otras adorables
crías de animales

Lee J. Ames

HISPANO
EUROPEA

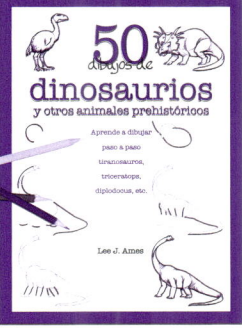

50 dibujos de
dinosaurios
y otros animales prehistóricos
Aprende a dibujar
paso a paso
tiranosaurios,
triceratops,
diplodocus, etc.

Lee J. Ames

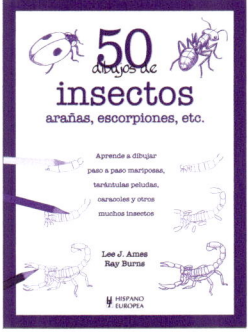

50 dibujos de
insectos
arañas, escorpiones, etc.
Aprende a dibujar
paso a paso mariposas,
tarántulas peludas,
caracoles y otros
muchos insectos

Lee J. Ames
Ray Burns

HISPANO
EUROPEA

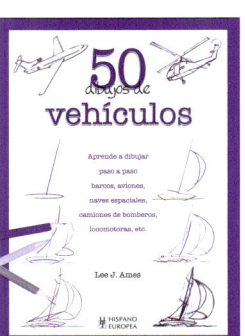

50 dibujos de
flores, árboles
y otras plantas
Aprende a dibujar
paso a paso
pinos, cactus,
lirios, orquídeas,
fresas, etc.

Lee J. Ames
P. Lee Ames

HISPANO
EUROPEA

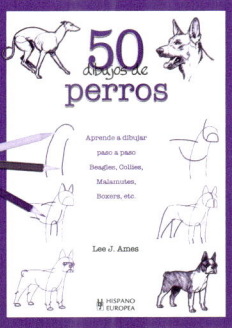
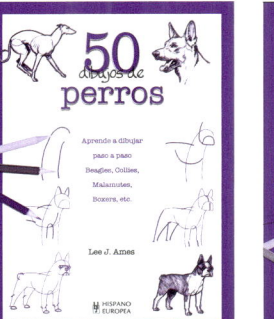

50 dibujos de
perros
Aprende a dibujar
paso a paso
Beagles, Collies,
Malamutes,
Boxers, etc.

Lee J. Ames

HISPANO
EUROPEA

50 dibujos de
vehículos
Aprende a dibujar
paso a paso
barcos, aviones,
naves espaciales,
camiones de bomberos,
locomotoras, etc.

Lee J. Ames

HISPANO
EUROPEA

Título de la edición original:
Draw 50 Cats

Es propiedad, 1986:
© **Lee J. Ames**
Edición publicada por acuerdo con **Broadway Books**, una división de Random House, Inc.

© de la edición en castellano, 2013:
Editorial Hispano Europea, S. A.
Primer de Maig, 21 - Pol. Ind. Gran Via Sud
08908 L'Hospitalet - Barcelona, España
E-mail: hispanoeuropea@hispanoeuropea.com

Depósito Legal: B. 14.578-2013

ISBN: 978-84-255-1768-6

Cuarta edición

Consulte nuestra web:
www.hispanoeuropea.com

IMPRESO EN ESPAÑA   PRINTED IN SPAIN

T. G. SOLER, S. A. - Enric Morera, 15 - 08950 Esplugues de Llobregat (Barcelona)